FreudeHoch10

...und plötzlich ist da das Leben

merlewelt

FreudeHoch10

...und plötzlich ist da das Leben

Auf geht's...

Impressum

merlewelt

Merle Winter
c/o Postflex #3865
Emsdettener Str. 10
48268 Greven

E-Mail: info@merlewelt.de
Website: https://www.merlewelt.de

Datum der Erstveröffentlichung: 07.07.2023

Lektorat, Korrektorat, Umschlaggestaltung, Coverfoto: Merle Winter

ISBN 978-3-75785-246-7

Herstellung und Verlag: BoD – Books on Demand, Norderstedt

Inhaltsverzeichnis

Schön, dass du da bist!

Ich wünsche dir eine wundervolle Zeit mit dir selbst!

Meine merlewelt erreichst du übrigens auch hier:

https://www.merlewelt.de

Moin

Ein herzliches Moin aus meiner merlewelt!

Es ehrt mich wirklich sehr, dass du deine kostbare Zeit nutzt, um in meinem allerersten Buch

FreudeHoch10

zu lesen.

Dir etwas von mir zu geben ist mir eine Herzensangelegenheit.

Zuerst möchte ich dir aber gerne die Möglichkeit geben, ein bisschen über mich zu erfahren:

Ich heiße Merle und bringe für dich 37 Jahre geballte Lebenserfahrung mit.
Auf meinem Weg begleiteten mich unter anderem Mobbing, toxische Beziehungen und häusliche Gewalt. Ich habe überlebt, meine Organe "laufen wieder rund", ich kann wieder laufen und sprechen.

Das Beste:
Ich liebe das Leben und mich mehr als jemals zuvor!
Jetzt dürfen mein Weg, meine Erfahrungen und mein Leben als hochsensible Scanner Persönlichkeit auch dich unterstützen.
Ganz fest glaube ich daran, dass ich all das nicht nur für mich allein er- und durchlebt habe.

Warum FreudeHoch10?

Weil die tiefe Freude schlussendlich das wirksamste Mittel für mich ist und war!

Meine Mission:

♥ DICH zu unterstützen, auf DEINEM Weg raus aus einer schwebenden, orientierungslosen Phase!

♥ DICH zu begleiten, auf DEINEM Weg zu Klarheit, Stärke und purer Freude am Sein!

Gerne möchte ich dir das geben, was ich nach meinen schlimmsten Zeiten benötigt habe, mir jedoch in dieser Form nicht zur Verfügung stand.

Das erwartet dich hier:

♥ kurze Kapitel
♥ gut lesbar, auch bei geringer Konzentration
♥ Ebene auf einem respektvollen "DU"
♥ wahre Alltagserlebnisse
♥ persönliche Fragen nach jeder Geschichte
♥ Platz für deine eigenen Notizen

Du kannst dir die Reihenfolge, wie du lesen möchtest, selbst aussuchen. Lasse dich dazu einfach von deinem Bauchgefühl leiten.

<u>Eine Bitte:</u>

Unterstreiche, markiere, kritzel, notiere wo, was und so viel du möchtest! Es ist dein Buch und das Leben ist deine persönliche Geschichte.

<u>Das wünsche ich dir:</u>

- ♥ ein pures, freies Selbst
- ♥ ein wundervoll gutes Selbstwertgefühl
- ♥ einen klaren Blick für dein ganz eigenes Leben
- ♥ die pure Lust am Sein

Was wünscht du dir für dich?

_____

_____

_____

_____

_____

_____

_____

_____

_____

_____

_____

_____

_____

_____

Das ist noch wichtig:

- ♥ Wie Vieles im Leben können auch meine Erlebnisse dich triggern. Entscheide bitte immer selbst, wie weit du etwas lesen magst und ob es dir guttut. Quäle dich nie unnötig. Du kannst jederzeit auf ein Kapitel zurückgreifen, wenn du dich bereit dazu fühlst.

- ♥ Ich bin keine Psychologin! Es liegt mir mehr als fern, Ratschläge oder Ähnliches in jegliche Richtung zu geben. Was ich dir hier anbiete, ist meine persönliche Geschichte und wertvolle Anregungen zur eigenen Entfaltung deiner Freude. Fragen, die ich mir selbst gestellt habe (und auch heute noch stelle).

- ♥ Bei einer klinisch diagnostizierten Depression oder vergleichbaren Gemütszuständen – du weißt, was ich meine – hole dir bitte unbedingt professionelle Unterstützung. Das ist wirklich sehr wichtig!

Auf der letzten Seite in diesem Buch findest du zusätzlich wichtige Notfallkontakte.

Jetzt aber geht es los mit:

FreudeHoch10 – Band 1

Oh man, ich bin so unendlich aufgeregt!

Fühle dich umarmt und willkommen in meiner vielfältigen, kunterbunten Herzenswelt!

Mit Liebe,
Merle

Ablenkung

Kennst du das:
Du wachst morgens auf, ein bisschen hin und her gerissen – schlafen oder aufstehen – da fängt auch schon das Kribbeln im Bauch an. Du freust dich plötzlich total auf den Tag. Es steht etwas an, worauf du richtig große Lust hast.
Zack - da fängt auch schon dein Kopf ordentlich an zu arbeiten. Schade - es war doch gerade noch so schön.

Dein Kopf ist so laut mit den noch dringend zu erledigenden Aufgaben. Bevor er dich also den ganzen Tag nervt und dir sogar das schöne Ergebnis heute vermiest, erledigst du vorher noch eben das Wichtigste. Am besten noch vom Bett aus.

Etwas stolz und zufrieden über die schon erledigten Dinge stehst du frohen Mutes auf. Jetzt schnell ins Bad, anziehen und endlich loslegen. Die Freude steigt.

Doch der Weg ins Bad ist nicht zu unterschätzen. So Vieles möchte deine Aufmerksamkeit. So Vieles möchte hier und da gerne noch erledigt werden. "Ja gut" denkst du dir "noch kurz den Geschirrspüler ausräumen, eine Wäsche anstellen, ein paar Sachen wegräumen, Müll rausbringen, Mails beantworten – dann ist das jedenfalls erledigt".
Während du all diese Kleinigkeiten bearbeitest, fühlst du dich gut. Schließlich wird dabei auch deine

To-Do-Liste im Kopf kleiner. Ergebnisse sind außerdem auch schnell zu sehen, was sich richtig gut anfühlt.

Dein Magen fängt an zu knurren, also kümmerst du dich erst noch um das Frühstück. Während des Frühstücks kannst du ja auch noch kurz die Nachrichten verfolgen – und so klickst du dich zeitlos von Seite zu Seite.

Eigentlich bist du jetzt schon wieder müde. Dabei hast du noch nicht einmal damit angefangen, was dir heute Morgen solch ein schönes Kribbeln im Bauch gezaubert hat.

Du rappelst dich also auf. Innerlich zweifelnd, warum deine Freude schwindet. Die Lust kommt bestimmt gleich währenddessen – denkst du dir und schaffst es, mit ein paar kleinen Ablenkungen, endlich damit zu beginnen, was du heute unbedingt machen wolltest.

Du hast auch genau die Freude daran, wie du es dir heute Morgen ausgemalt hast - aber irgendwie doch gedämpft.
Du bist schon völlig ausgelaugt. Energielos – weil du heute schon mindestens doppelt so viel gemacht hast, wie jemand anderes in gleicher Zeit.

Jemand, der vielleicht nicht hochsensibel ist und alle möglichen Reize aufnimmt.
Jemand, der vielleicht nicht vielbegabt ist und daher Dinge nicht wie eine Maschine abarbeitet. Oder

vielleicht einfach wie jemand, der achtsamer mit sich umgeht.

Naja – denkst du dir – eigentlich ist der Tag jetzt auch schon wieder um.

Schade.

Du hast nicht mehr genug Zeit und Kraft gehabt, dein freudig erwartetes Vorhaben fertig zu stellen.

Das Ergebnis ist, du zweifelst an dir selbst und ärgerst dich über dich. Das, was du aber trotzdem alles geschafft hast an diesem Tag, fällt dir nicht auf. Das fühlst du nicht, denn das ist ja für dich normal.

Aber mal ehrlich:
Es ist nur für jemanden wie dich normal, die Hausarbeiten für eine ganze Woche spontan an nur einem Vormittag zu erledigen.
Es ist nur für jemanden wie dich normal, ohne Pause durchzuarbeiten.

Auch wenn sich der Tag für dich am Nachmittag schon wie vorbei anfühlt, eigentlich hat er noch ein paar Stunden, in denen du aktiv und produktiv sein könntest.

Wie fühlt sich also folgender Gedanke für dich an:

Du wachst morgens auf und hast dieses Kribbeln im Bauch, weil du dich so sehr auf den Tag freust. Du hast dir etwas richtig Großartiges vorgenommen.

Dein Kopf meldet sich mit einer To-Do-Liste voll dringender Aufgaben und du kannst entspannt entgegnen "Hey, schön dass du mich erinnerst, aber ich habe dich erst für später eingeplant".
Du lächelst, gehst ins Bad, gönnst dir eine für dich passende Morgenroutine. Du ziehst dir voller Vorfreude etwas an, worin du dich ganz wunderbar wohl fühlst.

Während dieser Zeit siehst du hier und da Dinge, die du noch erledigen müsstest, aber – später!

Völlig freudig, entspannt, machst du dich an dein Projekt, auf das du dich schon so gefreut hast. Du nimmst dir deine Zeit dafür, so wie es dir guttut. Du machst Pausen, wenn du sie brauchst. Du nimmst dir Zeit zum Essen, wenn du Hunger hast.

Irgendwann merkst du, dass es für heute genug ist an deinem Projekt zu arbeiten. Du bist stolz auf dich und den tollen Tag. Mit diesem Gefühl erledigst du ganz in Ruhe noch eine Sache von der dringenden To-Do-Liste und schiebst den Rest wieder weg.

Am Ende des Tages lässt du alles noch einmal Revue passieren, mit einem Lächeln im Gesicht und einem wohligen Gefühl im Bauch. Du freust dich über dich und das Leben. Du liebst dich. Du gehst achtsam mit dir um und du respektierst dich.

Das klingt wie ein Märchen für dich? Muss es nicht!

Es ist meine Geschichte und sie ist wahr. In dem ich dir von meinen Erfahrungen und meiner persönlichen Entwicklung berichte, möchte ich dir Wege und Möglichkeiten zeigen.

Ich möchte dir ein paar Tipps und Tricks an die Hand geben, die mir sehr geholfen haben.

Beobachte dich in der nächsten Zeit einmal mehr und versuche achtsamer mit dir umzugehen.

Frage dich, was ist wirklich wichtig und möchte erledigt werden und was sind irgendwelche dringenden Aufgaben, die du entspannt nach und nach angehen kannst?

Oder, was ist vielleicht doch gar nicht do dringend und wichtig?

Nutze gerne auch hier den Bereich für deine Notizen.

Je mehr ich mich für die Dinge entscheide, die mir Freude bereiten, desto entspannter kann ich die dringenden/nicht so tollen Aufgaben erledigen.

Beantworte gerne die folgenden Fragen für dich und sei dabei gnadenlos ehrlich zu dir.

Schaue dir deine Aufgaben genau an und achte darauf, wo du dir gut und gerne selber den Druck aufbaust.

Welche Aufgaben sind wirklich wichtig, dringend und unaufschiebbar?

_____

_____

_____

_____

_____

_____

Welche Aufgaben haben mehr Zeit? Wo kannst du dir etwas Druck nehmen, wenn du ganz ehrlich zu dir bist?

_____

_____

_____

_____

_____

_____

Was macht dir besonders Spaß und bereitet dir Freude?

_____

_____

_____

_____

_____

_____

<u>Platz für deine Notizen:</u>

Lieblingsmorgen

Wie stehst du morgens auf?
Wie verläuft dein Start in den neuen, spannenden Tag?

Hast du eine für dich passende Routine entwickelt, welche du täglich durchführst? Startest du damit wundervoll frisch, positiv und freudig in deinen neuen Tag?

Oder quälst du dich eher aus dem Bett, wenn dein Wecker klingelt? Bist du dabei vielleicht mehr genervt als gut gelaunt und versuchst irgendwie alles in kurzer Zeit zu schaffen, um doch noch pünktlich aus dem Haus zu stolpern?
Möglicherweise siehst du dich aber auch irgendwo dazwischen?

Ich jedenfalls befand mich eine sehr lange Zeit irgendwo zwischen diesen beiden Gegensätzen. Wenn der Wecker geklingelt hat, dann war mir das gefühlt immer zu früh und ich hatte keine Lust aufzustehen. Gerne habe ich so oft es ging auf meine Lieblingstaste „Snooze" auf dem Wecker gedrückt. So gerne habe ich mich noch einmal in mein warmes Bett gekuschelt.
Andererseits habe ich mich schon auf den neuen Tag gefreut. Da gab es manchmal sogar ein richtiges Kribbeln in meiner Magengegend.

Morgens habe ich dann bereits viel erledigt, bevor ich aus dem Haus bin. Es war immer gut, dass ich mir jeden Morgen etwa zwei Stunden Zeit gegeben habe, um in Ruhe zu starten.

Stehst du auch extra etwas früher auf, damit du noch in Ruhe Zeit für dich hast, bevor der Alltagstrubel startet?

Schlechte Laune hatte ich mir zum Glück schon abgewöhnt. Durch mein Erlebtes in den vergangenen Jahren empfand ich solch eine Stimmungslage als reine Zeitverschwendung.

Ich wusste, das Leben ist zu kurz und kostbar, als dass es sich lohnt, miesepetrig durch die Gegend zu wanken. Durch äußere Einflüsse fiel es allerdings auch mir zunehmend schwerer, diese unangenehme Frequenz zu vermeiden.

Wie geht es dir mit dem Gefühl von schlechter Laune? Empfindest du, dass sie morgens irgendwie dazu gehört, oder hast du eher Lust mit einem wohligen Gefühl in den Tag zu starten und die wunderschöne Welt zu erleben?

Ich fühlte mich jedenfalls morgens gut, freudig und entspannt. Auf meinem Weg zur Arbeit prallten dann allerdings die anderen Energien gegen mich. Es fühlte sich an, als wenn ich regelrecht mit Bällen negativer Energie beworfen wurde.

Ich habe es richtig gefühlt. Manchmal waren es auch einfach eine Art dunkle Matschflecken, die klebrig an mir haften wollten.

Kannst du dir in etwa vorstellen, wovon ich erzähle? Möglicherweise kennst du dieses Gefühl? Wenn nicht, dann ist es auch nicht schlimm. Vielleicht wird es dir irgendwann auch noch begegnen. Vielleicht nimmst du es aber auch einfach anders wahr.

Oft zog sich bei mir diese nervige Energieballbombardierung durch den ganzen Tag. Das machte mich traurig und ich fühlte immer öfter eine bedrückende Stimmung in mir aufkommen. Dabei war es doch gar nicht meine Intention solche Gefühle zu entwickeln. Klar, auch ich war ich morgens erst müde. Und schon lange habe ich versucht mir meinen Morgen so zu gestalten, dass er mir guttut. Schon immer fand ich diese Welt so atemberaubend spannend und einzelne Momente haben mir das bestätigt. Die Welt, die Natur intensiv zu fühlen, sehen und riechen. Einfach mit all meinen Sinnen alles ganz stark aufsaugen. Die Welt ist wundervoll, das wusste ich tief in mir. Das habe ich gefühlt. Doch durch alle Umstände habe ich mich mehr und mehr von diesem Gefühl getrennt. Ich wurde blind dafür. Eher unbemerkt, schleichend.

Wie ist das bei dir? Siehst du die wundervolle Welt?

Mir wurde meine Blindheit jedenfalls irgendwann bewusst. Zum Glück. In mir hat längere Zeit eine

Stimme gerufen und versucht mich zu wecken. Es hat gedauert, aber dann habe ich ihr – endlich - zugehört. Ja das war wirklich mein Glück.

Überhaupt möchte ich sagen, dass diese Stimme auch so wunderbar laut schreien kann, womit sie mir mehr als einmal das Leben gerettet hat.

Einige nennen es Intuition. Bei mir habe ich das Gefühl, dass es mehr war. Ja eher, dass es mehr sein musste. Ich habe das Gefühl, es war mein Schutzengel, gepaart mit meinem Über-Ich (oder wie auch immer du es nennen möchtest). Als wenn sich alle verbündet haben, um mich zu wecken, um mich zu retten. Oft schon habe ich diese Stimme gehört und leider auch oft ignoriert.

Vielleicht kennst du das auch? Es fühlt sich irgendwie intensiver an als "normale Selbstgespräche". Ich glaube ganz fest, dass du weißt, wovon ich spreche. Ich glaube auch, dass wir uns leider viel zu oft nicht erlauben, auf diese Stimme zu achten. Ja gar auf sie zu hören.

Auf diese Stimme zu hören ist allerdings ein wichtiger Weg in deine Freiheit. Dein persönlicher Weg in pures Glück und grenzenlose Freude. Sie lässt dich erkennen.

Ich sage nicht, dass dieser Weg einfach ist. Aber ich behaupte, dass er definitiv machbar ist, wenn du dich mutig darauf einlässt.

Da wären wir nun auch wieder bei dem Beginn dieser kleinen Geschichte. Gerne möchte ich etwas auf das Thema Morgenroutine eingehen. Ganz sicher hast du davon schon einmal gehört. Es kommt mir aktuell doch eher vor wie ein Modewort. Bitte verstehe mich nicht falsch, denn ich finde es ganz wunderbar, wenn Begriffe populär werden, die wirklich jeden unterstützen können. Ich nenne es mittlerweile einfach meinen *Lieblingsmorgen*.

Als ich vor einigen Jahren schon darauf aufmerksam geworden bin, war ich erst einmal skeptisch. Ich dachte mir: "Jeder hat doch seine Routine am Morgen und fragte mich, was daran besonders sei."

So à la *'täglich grüßt das Murmeltier'* eben. Der Wecker klingelt, aufstehen, der Weg ins Bad, anziehen, alles Notwendige schnell erledigen und los. Wie sollte ich daran etwas ändern?

Für mich war das normal. So wurde es ja auch schon früh beigebracht und ich hatte nicht das Gefühl, dass es anderen anders ging. Der Ablauf morgens hatte für mich eher etwas von einer Überlebensstrategie.

Wenn dann zuhause jeder mehr oder weniger planlos und hektisch alles erledigt hatten, ging es raus aus dem Haus. Draußen wirkte es auf mich wie ein großer Platz voller geordnetem Chaos. Dort trafen sie wie Marionetten aufeinander und jeder ging seiner weiteren Routine - seinem Alltag - nach.

Ach, schon immer - ja wirklich immer - habe ich gemerkt, dass dies nicht das Leben sein kann. Jedenfalls nicht mein Leben. Ich dachte, das wäre ja völliger Quatsch. Das stand für mich fest. Ich wollte mein Leben nicht so einfach an mir vorbei rauschen lassen. Das machte für mich keinen Sinn. Doch ich wusste auch noch nicht, wie ich das verändern konnte. Ich wusste nicht, wie ich das Leben für mich besser, schöner machen kann.

Das Kleinigkeiten schon sehr viel bewirken können, dass wusste ich allerdings. Naja und wie gesagt bin ich dann irgendwann darauf gestoßen, dass es sinnvoll sein soll, sich eine schöne Morgenroutine zu gestalten. Der eigene Lieblingsmorgen.

Neugierig wie ich bin und meinem Impuls folgend, habe ich mich gespannt auf das Experiment eingelassen. Schaden konnte es ja nicht und lassen könnte ich es auch wieder.
Ich hatte mich also informiert und mir zur Anregung einige Vorschläge angesehen. Einfach fand ich das ehrlich gesagt nicht. Ich sollte mir doch tatsächlich morgens, direkt nach dem Aufwachen, gute Dinge *für mich* machen. Ich sollte mich tatsächlich direkt *um mich* kümmern, damit es mir gut geht.

Dazu gehörte für mich auch, erst einmal zu verstehen, dass ich mir erlauben darf, dass es mir gut geht. Ich durfte lernen, dass ich nicht nur funktionieren muss, sondern leben darf. Wow, das war eine Erkenntnis.

Kennst du das Gefühl, wenn dir bewusst wird, dass du in deinem Hamsterrad feststeckst und plötzlich dein Leben anklopft?

Alles klar, ich versuchte mich also in kleinen Schritten an einen für mich wertvollen Lieblingsmorgen. Irgendwann stand dann auch mein Plan, wie ich das alles gestalten möchte. Dazu hatte ich ein paar Dinge ausprobiert. Doch setzte ich mich auch direkt wieder unter Druck, um es auch ja einzuhalten. Das war mein Fehler.

Voller Elan startete ich also gespannt mit meinem neuen Lieblingsmorgen. Das positive Resultat war schon nach kurzer Zeit verblüffend. Ich kam viel besser aus dem Bett und meine Zeit morgens tat mir gut. Ich fühlte Freude und Zufriedenheit. Die morgendliche Schwere wich. Naja, jedenfalls wenn ich vorher auch einigermaßen gut geschlafen hatte - guter Schlaf ist wichtig, aber wieder ein anderes Thema.

Doch dann kamen die typischen Tücken im Alltag, welche mir meine fest vorgenommene Routine erschwerten. Andererseits setzte ich mich aber so unter Druck, meinen neuen Lieblingsmorgen einzuhalten, dass es mir keinen positiven Effekt brachte. So konnte jedenfalls nicht mehr von einem Lieblingsmorgen die Rede sein. Ich war gestresst und den Stress habe ich mir selbst gemacht.

Dass eine neue Routine am Morgen nur wirklich ganz normal zu einer richtigen Routine werden kann, wenn ich sie regelmäßig ausführe, war mir bewusst. Aber warum funktionierte es bei mir nicht? Ich geriet ins Zweifeln. Ich hatte das Gefühl, es sei mir einfach nicht gegönnt und ich dachte, dass ich mich wohl doch besser einfach wieder dem alten Hamsterrad hergebe. Vielleicht hatte ich mir etwas vorgemacht.

Doch da war wieder diese Stimme und verriet mir: "Du erlaubst es dir selbst nicht". Das war es! Ja genau, *das* war der Schlüssel!
Ich habe es mir schlichtweg selber nicht erlaubt. Nicht so richtig, nicht vollkommen. Aus meinen ganz eigenen, selbst antrainierten Glaubensmustern heraus, war dies das Ergebnis. Meine Prioritäten waren scheinbar ziemlich verschoben. Ok, ich denke, ich war im Gesamten ziemlich verschoben. Irgendwie antrainiert verdreht. Verstehst du, was ich meine?

Mit meinem geplanten neuen Lieblingsmorgen entstand eine Veränderung und damit bewegte ich mich ziemlich weit aus meiner Komfortzone heraus. Anders kann ich es nicht nennen. In dieser Umbruchphase kam dann so ein kleines Teufelchen und flüsterte mir leise ins Ohr. Es versuchte mich konstant wieder in meine alten Muster zu bringen.
"Damit wäre es ja viel einfacher!", war sein bester Lockruf.
"Aber es macht mich nicht glücklich!", wusste ich.

Also möchte ich dir sagen, dass wenn du für dich etwas verändern möchtest, kann es genau diese Hürden geben. Doch diese Hürden sind ein ganz prima Wegweiser für die richtige Richtung.

Wichtig ist es nur, sie zu erkennen. Wenn bei deiner Veränderung, bei deinem Wachstum etwas nicht funktioniert, dann schaue bitte noch einmal genauer hin. Du brauchst ja nicht mit voller Wucht durch die Wand rennen. Doch mit irgendetwas stehst du dir wahrscheinlich noch selber im Weg.

Hast du schon Ideen für deinen Morgen, oder dir sogar bereits eine persönliche Wohlfühlroutine gestaltet?

Damit ich morgens großartig wachwerden und starten kann, ist mir guter und ausreichender Schlaf sehr wichtig. Das war eine große Übung und auch dieser Weg lag weit außerhalb meiner Komfortzone. Dabei reden wir hier gerade von einer normalen Sache wie Schlaf. Doch ein guter Schlaf ist leider nicht selbstverständlich. Auch ich habe Phasen, in denen das einfach nicht klappen möchte und ich morgens aussehe, wie ein durchzechter Waschbär.

Gerne lasse ich dir den Ablauf von meinem Lieblingsmorgen als Beispiel hier. So hast du eine kleine Anregung und kannst dir deinen persönlichen Megastart in einen neuen, wundervollen Tag kreieren.

Vielleicht hast du dir auch schon eine passende Routine entwickelt, mit der du genussvoll startest? Dann ist das wunderbar. Selbstfürsorge ist so unendlich wichtig.

Denke immer daran, dass du in deinem Leben die meiste Zeit mit dir verbringst. Kein anderer verbringt so viel Zeit mit dir, wie du selbst. Also sei gut zu dir und erlaube dir, dich zu lieben und zu umsorgen.

Das wünsche ich dir von Herzen.

Mein persönlicher Lieblingsmorgen variiert etwas zwischen der Sommer- und Winterzeit.

Ich starte direkt mit einer schönen, geführten Aufwachmeditation. Dann trinke ich ein großes Glas Wasser und notiere in meinem kleinen Buch drei Dinge, für die ich dankbar bin. Ich denke an meine Ziele und Wünsche und was ich dafür heute machen kann.

Im Winter gibt es für mich eine Wechseldusche, im Sommer dusche ich draußen kalt. Danach gehe ich noch mit einem Becher Tee nach draußen in den Garten, egal bei welchem Wetter. Die Zeit ist dann nur für mich und ich genieße die frische Luft.

Manchmal hänge ich noch einen Spaziergang hinten an, genieße eine stille Meditation oder ich gönne mir eine Runde Sport vor der Dusche. Wenn möglich alles draußen.

Ganz wichtig ist für mich morgens Flüssigkeit und frische Luft, aber auch das Innehalten und die Zeit für mich.

Klar, ein schöner Lieblingsmorgen löst nicht alle Probleme oder löscht alle Sorgen. Doch es ist ein wertvoller Schritt und ein guter Start in den Tag. Ein

Tag von deinem kostbaren Leben, den du positiv beginnen kannst. Voller Freude.

Vergiss bitte nicht, dieses Leben ist endlich. Das soll dich jetzt nicht in Panik versetzen, doch vielleicht darf dich der Gedanke daran etwas aufwecken.

Heute habe ich mich noch einmal bewusster auf meinen Morgen konzentriert. Jede neue Routine braucht konstante Wiederholung, damit es eine Routine wird. Es braucht Übung. Wir haben es anders gelernt und das Umprogrammieren braucht etwas Zeit. Das ist ok.

Je offener du bist, desto besser. Und vor allem: Bleibe dran und gebe dir die Erlaubnis. Es ist dein Leben. Setze dich nicht unter Druck, sondern genieße.

Vielleicht wirst du dadurch auch in deinem Umfeld eine Veränderung erleben.

Sei offen und mutig. Genieße die pure Freude.

Wie sieht dein (neuer) Lieblingsmorgen aus?
Was möchtest du an deinem Start in den Tag ab jetzt
verändern?

_____

_____

_____

_____

_____

_____

_____

_____

_____

Was könnte dich bei deinem neuen, freudigen Start
in den Tag unterstützen?

_____

_____

_____

_____

_____

_____

_____

_____

Platz für deine Notizen:

_____

_____

_____

_____

_____

_____

_____

_____

_____

_____

_____

_____

_____

_____

_____

_____

_____

_____

_____

_____

_____

_____

Dunkel

Plötzlich ist alles so dunkel. Es liegt eine enorme Schwere auf meinem Kopf, meinen Schultern – ja meinem ganzen Körper. Es scheint, als wäre ich eingehüllt in eine riesige Decke aus Blei.

Draußen scheint die Sonne, doch ich sehe alles durch einen trüben Schleier. Mein Blick scheint nur noch grau zu können. Alle Farben sind weg.

Ich weiß nicht wohin mit mir, möchte versinken. Ich möchte dieses Gefühl einfach nicht länger ertragen.

Schon in den letzten Tagen habe ich gemerkt, dass sich mein Gemüt verändert. Meine Stimmung war leicht gedämpft. Aber ich bin darüber hinweg gegangen. Ich wollte, dass es einfach von alleine wieder geht – so wie es auch gekommen ist. Ich habe mich ignoriert, mir nicht zugehört. Ich bin nicht mehr bewusst mit mir umgegangen, habe im Alltagsstress jegliche Achtsamkeit mit mir einfach weggelassen.

Ich selbst habe mich nicht mehr gut um mich gekümmert. Ja, ich war mir beinahe egal und habe, wie so oft, alles andere in den Vordergrund gestellt. Ich habe funktioniert. Das kann ich gut. Mein Helfersyndrom, mein Ehrgeiz, mein Perfektionismus haben mal wieder die Führung übernommen und ich habe es zugelassen.

Ich bin verzweifelt, bin sauer auf mich selbst. Ich schäme mich – und ich habe eine scheiß Angst.

"Bitte nicht schon wieder so ein tiefes Loch. Bitte nicht wieder auf dem Grund vom tiefsten Brunnen liegen.", denke ich. Ich kann das nicht mehr und ich will das nicht mehr.

Warum kann ich nicht so sein wie andere? Warum habe ich nicht besser aufgepasst? Was war diesmal der endgültige Auslöser? So viele Fragen hämmern in meinem Kopf.
Ich bin traurig – zutiefst traurig und fange an zu weinen. Es schmerzt so sehr und zeitgleich fühle ich mich so leer.

Ich sehne mich nach Freude, Zufriedenheit, Spaß. Doch es scheint mir alles so unerreichbar. Ich weine stundenlang. Meine Augen brennen, mein Gesicht ist geschwollen.

Ich frage mich, ob ich es wirklich noch ein weiteres Mal schaffe und ob sich die Anstrengung lohnt. Es kostet mich jedes verdammte Mal so unendlich viel Kraft diese Leiter wieder Sprosse für Sprosse hinaufzuklettern.

Kurz denke ich darüber nach aufzugeben. Ich möchte nicht noch einmal diesen Scheiß erleben, möchte mich nicht mehr so sehr anstrengen – nur um irgendwann wieder zu fallen. Dazu noch diese nervigen Schmerzen und alles andere durch die Fibromyalgie.

Während ich meinen Gedanken nachhänge, kommen mir meine Lieben in den Sinn. Eine leise Stimme taucht in meinem Hinterkopf auf und spricht ganz sanft zu mir. Beinahe habe ich das Gefühl, sie streichelt mir dabei über meinen Kopf, nimmt mich in den Arm und wiegt mich leicht hin und her – so wie meine Oma es immer gemacht hat.

Ich höre der Stimme zu. Sie erzählt mir, wie stark ich bin und dass ich bitte daran denken soll, was ich schon alles geschafft habe – auch das hat meine Oma mir bis zuletzt wie ein Mantra immer wieder gesagt. Kurz frage ich mich, ob sie vielleicht mein Schutzengel ist, oder ob ich es selbst bin und diese wohlwollenden Worte für mich abgespeichert habe. Ich weiß es nicht. Aber diese Stimme erinnert mich an mein Abkommen mit mir selbst: wenn ich mich genauso fühle wie jetzt, dann warte ich noch einen Tag – dann kann ich immer noch sehen was ich mache.

Ja, das ist ein Trick, um mich selbst zu überlisten, aber er hilft. Notfalls mache ich es mehrere Tage so, bis sich mein Gemüt wieder erholt.

Die Stimme schlägt mir vor, ich solle mich hinlegen und mich erst einmal ausruhen. Morgen kann ich weitersehen.

Ich lege mich in mein Bett, ziehe mir die Decke über meinen Kopf, winkle meine Beine soweit es geht an und schlinge meine Arme fest um meinen Körper. Ich spüre mich kaum noch und möchte einfach, dass es endlich aufhört. Ich konzentriere mich auf meinen Atem – irgendwann schlafe ich ein.

Als ich wach werde hoffe ich, dass es nur ein Traum war. Leider nein. Ich fühle mich steif und verkatert. Ich habe keine Lust. Mir tut alles weh und doch fühle ich nichts. Ich hasse es.

Mein Mann bringt mir ganz leise einen Tee ans Bett und setzt sich auf die Bettkante. Er streicht mir über die Beine und sagt nichts. Er ist einfach nur da. Ich kann ihm nicht in die Augen sehen, weil ich mich so sehr schäme. Wie könnte ich diesem wundervollen Menschen nur so etwas antun? Nein, das darf ich nicht. Auf keinen Fall, denn das hat er nicht verdient. Und ich? Wollte ich nicht noch so viel erleben?

Ich nehme all meinen Mut zusammen und sehe ihn an. Als sich unsere Blicke treffen und ich in seine liebevollen Augen sehe, muss ich weinen. Ich erzähle ihm alles – wirklich alles. Meine Gedanken von gestern, meine Gefühle, meine Leere. Gemeinsam sprechen wir mehrere Stunden darüber. Wir sprechen über das was war, suchen Auslöser und mögliche Warnsignale, die ich nicht beachtet habe. Während dieser ganzen Zeit hält er mich im Arm. Ich bin so unendlich dankbar für diese atemberaubend schöne Seele an meiner Seite. Und für diese sanfte Stimme in meinem Kopf – wer auch immer es nun ist. Ich weiß es nicht, aber ich bin dankbar.

In den nächsten Tagen gönne ich mir viel Ruhe. Zwei Tage schlafe ich fast nur. Ich nehme mir nichts vor, sage alle Termine ab, übernehme keine Aufgaben und ich treffe keinerlei Entscheidungen.

Das tut mir gut. Ich existiere einfach und atme. Atmen klappt zum Glück von allein.

Am dritten Tag beginne ich ganz langsam, mich mit Dingen zu beschäftigen, die mir Freude bereiten. Einfach nur so. Das habe ich mir sehr lange nicht mehr gegönnt. Nach und nach spüre ich den mir bekannten Drang nach Bewegung und mein Kopf sprudelt plötzlich wieder nur so vor neuen Ideen. Es geht bergauf – zum Glück.

Ein weiteres Mal bin ich unendlich dankbar, dass ich durchgehalten habe. Ich bin so dankbar wieder alles fühlen zu können und die Welt – die Natur – mit jedem meiner Sinne tief zu spüren. Die Welt ist schön! Als ich das unbewusst laut ausspreche fängt mein Mann an zu strahlen, nimmt mich in den Arm und sagt: "Schön, dass du wieder da bist!"

Mein System war vor Überlastung zusammengebrochen.
Insgesamt hatte ich zu viele Baustellen zeitgleich, zu viel selbstgemachter Druck, keine Auszeiten…einfach alles *zu* viel oder *zu* wenig.

Aufgrund meiner Erfahrungen kann ich mein dann entstehendes mentales Tief gut erkennen und mich entsprechend verhalten. Auch stehe ich stets in engem Kontakt mit meiner Ärztin, was ich dir auch hier noch einmal empfehlen möchte. Es ist sehr wichtig guten, vertrauensvollen und fachlichen Beistand zu haben.

Wenn ich so abfalle durch Überreizung, dann ist zwar alles tiefschwarz und ich weiß erstmal nicht vor und zurück, doch mein Kopf arbeitet relativ schnell weiter und ich bin sehr geübt damit umzugehen. Das ist wichtig.

Du kannst es dir so vorstellen: Ich liege im Bett, mein Körper ist schwer wie Blei. Es drückt mich so runter, dass ich mich kaum bis gar nicht bewegen kann. Aber mein Kopf – der hat Bock. Während ich dann da so liege male ich mir aus wie ich im Garten arbeite, einen Grillabend vorbereite, unterwegs bin, etwas gestalte, eine Radtour unternehme, einen Ausflug ans Meer mache und lauter schöne Dinge. Also du siehst, ich will – aber ich kann nicht.

Das ist eine Zwickmühle und dämpft noch einmal mehr. Solange ich aber diese Stimme und diese Ideen im Kopf habe weiß ich, dass ich mich extrem überlastet und missachtet habe. Und ich weiß, an wen ich mich in dem Moment wenden kann. Ich war öfter in Therapie und habe verschiedenste Heilverfahren erlebt. Überall habe ich wirklich immer Gutes dazu gelernt.

An dieser Stelle ist es mir noch einmal ein großes Bedürfnis dir zu sagen, dass es wirklich tolle Anlaufstellen in Notsituationen gibt. Ich möchte dich bitten, dir fachlichen Rat zu holen – spätestens, wenn es „grauer und dunkler" wird. Erlaube dir auch, mehrere Stellen aufzusuchen und den für dich besten Weg aus all den Möglichkeiten zu gehen. Du bist individuell und dein Heilungsweg darf es auch sein.

Es ist völlig ok, mal nicht ok zu sein!

In dieser Geschichte geht es bei mir um Momente der völligen Überlastung als hochsensible und hochsensitive Scanner Persönlichkeit und die Auswirkungen, wenn ich nicht gut genug für mich sorge.
Ich möchte dich mit meiner kleinen Geschichte aus meinem Leben daran erinnern, dass du dich wertschätzt und bitte deine Bedürfnisse ernst nimmst

Du bist wertvoll und genau richtig, so wie du bist!
Bitte vergiss das nie!
Auch wenn du dich manchmal anders fühlst und etwas anderes brauchst als dein Umfeld – das ist ok.

Sorge gut für dich!

Was hilft dir in schlechten Phasen?

_____

_____

_____

_____

_____

Was bereitet dir Freude?

_____

_____

_____

_____

_____

Wem vertraust du dich an, oder wem könntest du dich zukünftig anvertrauen?

_____

_____

_____

_____

_____

_____

Was sind deine persönlichen Warnsignale vor einer Überlastung?

_____

_____

_____

_____

_____

_____

_____

Wie kannst du in Zukunft noch achtsamer mit dir umgehen?

_____

_____

_____

_____

_____

_____

_____

Platz für deine Notizen:

_____

_____

_____

_____

_____

_____

_____

_____

_____

_____

_____

_____

_____

_____

_____

_____

_____

_____

_____

_____

_____

_____

_____

_____

Termine

Ich möchte dich heute einmal mitnehmen in meine Welt, wenn bei mir ein Termin ansteht.

Auch in diesem Kapitel hast du die Möglichkeit, dir deine eigenen Notizen zu diesem Thema zu machen. Nutze dazu gerne die folgenden Seiten - diese Seite, die nächste, die Ränder...überall da wo Platz ist. Sei kreativ und tob dich aus. Es ist dein Buch und dein Leben.
Ich freue mich, wenn ich dir mit meiner "Offenbarung" vielleicht eine kleine Hilfestellung geben kann.

Heute war es bei mir ein Arzttermin. Auf den Termin selbst habe ich mich sehr gefreut, denn ich gehe gerne zu meiner Ärztin. Sie hat immer ein offenes Ohr, ist sehr empathisch und gemeinsam finden wir jedes Mal wirklich tolle Lösungen, neue Wege und ich gehe gestärkt aus der Praxis. Gerade mit der Fibromyalgie ist dies noch einmal bedeutsamer für mich geworden. Ich bin sehr dankbar für diese Unterstützung und sie begleitet mich nun schon viele Jahre durch meinen bis hierher doch eher steinigen Weg.

Bei aller Freude ist so ein Tag für mich auch sehr aufregend und anstrengend. Nur mit dem Termin selbst ist es ja nicht getan. Es gibt den Hin- und Rückweg und vielleicht auch noch eine Vorbereitung. Ich möchte nämlich nichts vergessen, wenn ich vor Ort bin.
Daher habe ich mir ein paar Gewohnheiten zugelegt, um mir solche Tage so entspannt wie möglich zu

gestalten. Einige stammen noch aus der Zeit, in der mich regelmäßig starke Panikattacken heimgesucht haben.

Meine Gewohnheiten möchte ich heute mit dir teilen.

Fahrtstrecke

Spätestens am Tag vor dem Termin suche ich mir eine geeignete Strecke heraus.
Da ich von hier immer ein paar Kilometer mit dem Auto fahren muss (in dieser Gegend existiert eher kein bis gar kein öffentliches Netz), möchte ich unnötigen Stress durch Baustellen, Straßensperrungen etc. möglichst vermeiden.
Die beste Route und welche meinem Bauchgefühl zusagt, wähle ich aus.

Uhrzeit

Auch einen Tag vorher prüfe ich noch einmal die genaue Uhrzeit für den Termin, da dieser oft schon länger feststeht und die genaue Zeit gerne in Vergessenheit gerät.

Zeitpuffer

Außerdem plane ich mir insgesamt genügend Zeit ein.
Dazu beantworte ich mir folgende Fragen:

Wie lange dauert die Fahrt ohne Verzögerung?

Welchen Puffer plane ich für die Fahrt ein (rote Ampeln, Stau, Verspätung der Bahn, etc.)?
Wo kann ich parken?
Wie schnell finde ich einen Parkplatz?
Wie lange brauche ich vom Parkplatz zum Gebäude?

Auch bedenke ich dabei das Stockwerk und wie schnell ich mich an der Rezeption einfinden kann.
Für den Weg vom Auto zum Gebäude, dann die Treppen hoch, ein paar Leute vor mir, dass kann schon einige Minuten in Anspruch nehmen.
Wichtig ist mir auch, keinen Sprint hinlegen zu müssen, um dann womöglich noch die Stufen hinauf zu stolpern und völlig außer Atem dort anzukommen (alles schon erlebt).
Also plane ich mir immer wirklich genügend Zeit ein.
So kann ich insgesamt einen schönen Ausflug erleben, komme stressfrei an, kann meine Fröhlichkeit mit Leichtigkeit behalten und der respektvolle Umgang miteinander bleibt auch bestehen.

Outfit

Was möchte ich für den Termin anziehen? Wenn du da nicht so wählerisch bist oder du dich schnell entscheiden kannst – super! Mich überkommen da eher regelmäßig Schweißausbrüche...

Mir ist es besonders wichtig, dass ich mich wohlfühle und meine Kleidung praktikabel ist. Daher nutze ich oft den obligatorischen Zwiebellook. So kann ich unliebsame Stresssituationen vermeiden und ganz entspannt handeln. Ich muss mich nicht erst umständlich ausziehen für die Blutabnahme, zum Röntgen, beim Ultraschall, oder was auch immer ansteht. Vielleicht ist es auch sehr warm dort und ich kann schnell etwas ablegen.

Terminvorbereitung

Ich schreibe mir alle wichtigen Themen/Fragen auf einen Zettel. Wirklich alles, was ich besprechen, erzählen oder fragen möchte.
Diesen Zettel nehme ich mit in den Termin und vermeide so die Angst, dass ich etwas Wichtiges vergessen könnte.

Lege dir diesen Zettel vor Abfahrt bereit oder stecke ihn direkt in deine Tasche, damit du nicht vergisst ihn mitzunehmen.

Traue dich dann während des Termins ruhig, diesen aus der Tasche zu holen.
So kannst du die volle Zeit komplett für dich nutzen.

Wartezeit

Damit ich die Wartezeit für mich sinnvoll nutzen und geduldig warten kann, nehme ich mir immer etwas zu lesen oder schreiben mit.

Wahlloses blättern in Zeitschriften, nervöses Löcher in die Luft starren, oder das Handy x-mal durchforsten erfüllt mich einfach nicht. Ich nutze die Wartezeit lieber als meine kleine Auszeit und beschäftige mich mit für mich wertvollen Dingen. Dadurch kann ich auch die Eindrücke von der Fahrt etwas sacken lassen, zu mir kommen und entspannen.

Vielleicht hast du auch schon Ideen, wofür du Wartezeiten toll nutzen kannst?

Was nehme ich mit?

Damit ich nichts vergesse und auch nicht mehr konzentriert daran denken muss, lege ich mir am Tag vorher alles was ich mitnehmen möchte gesammelt an einem Ort bereit.

Falls ich etwas noch nicht dazu legen kann, notiere ich diese Dinge und lege den Zettel mit dazu.

Neben den schon erwähnten Sachen wie Buch/Schreibzeug/Liste, nehme ich mir gerne für die Fahrt etwas zu trinken mit und manchmal auch etwas zu essen. Je nach dem in welche Tageszeit der Termin fällt.
So ist auch die Rückfahrt entspannt und ich bin vorbereitet.

Ein Müsliriegel ist übrigens meine Standardausrüstung. Vielleicht kennst du diese plötzlichen Anwandlungen als hochsensible oder hochsensitive Person und brauchst manchmal auch direkt etwas zu essen, ohne Vorwarnung?

Wecker

Zu guter Letzt, wenn alles vorbereitet ist, stelle ich mir gerne noch einen Wecker.
Dadurch brauche ich nicht ständig auf die Uhr schauen und mir wird ein Signal gegeben, wann es an der Zeit ist mich auf den Weg zu machen.

So brauche ich außerdem nicht überstürzt das Haus verlassen, falls ich die Zeit vergessen habe. (Das kann durchaus vorkommen)

Vielleicht klingt es jetzt als sehr viel Vorbereitung für nur einen einzigen Termin. Doch in gewissen Situationen ist dieser Weg eine hilfreiche Unterstützung.

Ich kann meinen Kopf entzerren, kann die Zeit entspannt verleben und komme nicht selbstverschuldet in unangenehme Situationen.
Außerdem bin ich danach noch fit für andere Dinge. Denn wie du es vielleicht auch kennst, sind diese Situationen sonst gerne schnell ziemlich große Energieräuber.

Wie eingangs erwähnt, mache dir gerne deine Notizen. Wenn du im Ablauf geübter bist, oder es eine Lebensphase ist in der du gestärkter bist, dann wird dir dein eigener Orgaplan so von der Hand gehen.
Doch wenn du gerade etwas struggelst, dann kann dich dieser Ablauf gut unterstützen.
Bei mir gibt es immer mal wieder Phasen, in denen mich diese Art mental stärkt.

Was macht dich vor Terminen nervös und was können deinen kleinen Helfer sein, mit denen du dich
sicherer fühlst?

_____

_____

_____

_____

_____

_____

_____

_____

_____

_____

_____

_____

_____

_____

_____

_____

_____

_____

_____

Platz für deine Notizen:

_____

_____

_____

_____

_____

_____

_____

_____

_____

_____

_____

_____

_____

_____

_____

_____

_____

_____

_____

_____

_____

Komfortzone

Für heute ist es mein Plan, einen schönen, liebevollen und gemütlichen Tag zu verleben. Dazu muss ich allerdings öfter meine gut eingerichtete Komfortzone verlassen. Verhext, oder?

Mein Tag soll aus Entspannung und Genuss bestehen. Dazu nehme ich mir für andere schöne Dinge die Zeit, die sonst zu selten in meinem Alltag Platz finden. Mir dies zu erlauben und dann auch noch zu genießen, liegt alles andere als in meiner Komfortzone.

Der Plan für heute:

- ausschlafen (hat nur so *semi* gut geklappt, der Kater hatte Hunger)
- gemütlich meinen Lieblingsfilm ansehen
- Spielenachmittag bei Kaminfeuer, Tee und Keksen
- Am Abend gemeinsam etwas Leckeres kochen
- Film + Popcorn

Also sehr wenig Bewegung und sehr viel Essen, wie mir nebenher auffällt.

Tada, da meldet sich auch schon mein schlechtes Gewissen und der Tatendrang klopft auch noch an.

Es ist ja noch sooooo viel zu tun und besonders an freien Tagen könnte ich doch noch sooooo viel davon erledigen. Aber nee, ich habe mir heute die Gemütlichkeit ohne Arbeit verschrieben.

Da ich allerdings ein wirklich aktiver Mensch bin, wäre ja für später ein Spaziergang eine Alternative. So kann ich mein schlechtes Gewissen vorerst beruhigen.

Kennst du das? Du bist im Alltag schön in deinem Hamsterrad. Du erledigst ständig eine Aufgabe nach der anderen. Nur durch wirklich aktiv erlebte Produktivität fühlst du dich gut.

Erst nach erledigter Arbeit erlaubst du dir etwas Entspannung - wenn überhaupt.
Also alles fein nach dem Motto: *"Erst die Arbeit, dann das Vergnügen"*.

Warum eigentlich dürfen wir uns nicht erst etwas Gutes tun, um dann voll gestärkt und mit einem positiven Gefühl produktiv sein zu können?
Oder besser noch: Wir sollten achtsamer mit uns umgehen und unsere Bedürfnisse befriedigen, um glücklicher das Leben zu bestreiten.

Wem tun wir denn damit weh? Ist es für unser Umfeld nicht eher verletzender, wenn wir in unserem Elend an verstaubten Glaubensmustern festhalten?

Du bist jedenfalls ganz herzlich dazu eingeladen, dein persönliches Hamsterrad zu überdenken. Vielleicht magst du dich ja zukünftig auch mehr umsorgen?

Nun gehe ich heute aber noch einen viel größeren Schritt aus meiner Komfortzone. Durch die Renovierung haben wir eine "Behelfsküche" eingerichtet. Damit alles *relativ* reibungslos abläuft und für mich nicht mehr Arbeit als nötig aufkommt, habe ich selbstverständlich auch diesen Bereich optimiert.

Also du kennst das bestimmt: die Handgriffe sitzen, der Ablauf eh – und wenn dann jemand im *'sowieso Chaos'* noch mehr *'kreatives Chaos'* veranstaltet – das strengt an. Also lieber nichts aus der Hand geben und es schnell selbst machen.
Dabei wäre abgeben viel entspannter – eigentlich. Grundsätzlich ist es ja auch viel schöner, sich alles zu teilen.

Auch nehme ich immer gerne noch Arbeit ab, da ja jeder eh schon so viel zu tun hat. Dann erwische ich mich bei dem Satz "...das kann ich noch eben machen...".
Ja wunderbar, was habe ich bloß für Strukturen entwickelt, um ja nicht ins Schleudern zu geraten.

Also heute lasse ich mich jedenfalls mit einem Frühstück verwöhnen. Ich freue mich riesig über dieses Angebot – welches ich in den letzten Monaten ehrlich gesagt schon öfter dankend abgelehnt habe.

Daher war es heute schon fast *aufgezwungen* - und ich gehe ganz optimistisch jedes *Risiko* ein.

Welche Dinge gibst du denn nicht aus der Hand, damit du am Ende nicht noch mehr Arbeit hast?
Sei ganz ehrlich zu dir. Da gibt es bestimmt etwas.

_____

_____

_____

_____

_____

_____

Das Gute hier: wir renovieren gerade, da wäre es nicht so schlimm. Nee im Ernst, ich lasse mich da heute wirklich verwöhnen und auch das Aufräumen danach gebe ich ab.

Das Sahnehäubchen heute außerhalb meiner Komfortzone: Frühstück gibt es im Bett.
Jaaaaa, einfach den Staubsauger danach benutzen und zack, fertig.

Ach, einfach ist das nicht. Aber hinterher vielleicht ja doch sehr befreiend?

Ketten sprengen ist angesagt.
Machst du mit?

Wann hast du dich das letzte Mal so richtig aus deiner Komfortzone bewegt und was war es?

_____

_____

_____

_____

_____

_____

In welchen Bereichen könntest du mehr abgeben und anderen vertrauen, dass sie es vielleicht *anders*, aber auch *gut* machen?

_____

_____

_____

_____

_____

_____

Wann begibst du dich das nächste Mal aus deiner Komfortzone und wie möchtest du dich dabei fühlen?

_____

_____

_____

_____

_____

_____

Platz für deine Notizen:

Tränen

Kennst du das, wenn dich etwas berührt? Wenn dich etwas ganz direkt irgendwo tief in dir trifft? Etwas, wodurch sich direkt Tränen ihren Weg nach draußen suchen?
Ich jedenfalls kenne das sehr gut und ich habe mich lange dafür geschämt. Ständig habe ich versucht dagegen anzukämpfen – eher erfolglos.
Eigentlich hatte ich nur aufgrund der äußerlichen Reaktionen den Wunsch, meine Tränen zurückzuhalten. Denn Tränen sind reinigend. Sie sind befreiend. Doch in der Öffentlichkeit ist dieser natürliche Prozess leider nicht gerne gesehen – und das aus unterschiedlichen Gründen.

Ein Grund ist, dass Menschen oft scheinbar nicht mit den Tränen anderer umgehen können. Das wird uns leider auch nicht wirklich beigebracht, z.B. in der Schule. Mir persönlich fehlt definitiv das Fach "Emotionen". (Abgesehen von, in meinen Augen, so manchem sinnvollen Schulfach, das es nicht gibt) Ja, warum denn eigentlich nicht? Schließlich leben wir all die Jahre mit den unterschiedlichsten Emotionen und wir bekommen nicht beigebracht, wie wir den Zugang zu uns finden. Wir bekommen keine Bedienungsanleitung.
Wir lernen nicht, mit unseren Emotionen gut und fürsorglich umzugehen. Schon gar nicht mit denen der anderen.

Mir fällt spontan eine kleine, selbst erlebte Geschichte aus dem Kindergarten ein:

Im Sandkasten zog mir ein Junge in den Haaren. Ich fand das doof, es tat weh und ich haute dem Jungen dafür mit der Schippe auf den Kopf. Wir beide weinten. Die Erzieherin kam dazu, ich bekam Ärger, weil ich den Jungen gehauen habe und sollte mich entschuldigen.

Damit sollte der Vorfall erledigt sein und wir sollten aufhören zu weinen. Warum ich allerdings die Schippe geschwungen habe und das vorherige Haare ziehen interessierten nicht. Auch nicht, aus welchen Gründen und Emotionen diese Situation entstanden ist.

Also wurde es als Kleinigkeit abgetan.

Doch ich erinnere mich bis heute daran und weiß noch, was ich gefühlt habe.

Ich fühlte mich völlig unverstanden und nicht gesehen. Auch habe ich gelernt, dass ich nicht weinen darf, wenn mir etwas weh tut und dass ich Haare ziehen (in diesem Fall) nicht schlimm finden darf und mich halt nicht so anstellen soll.

Die Folge im Kindergarten war, dass ich noch schüchterner wurde, als ich zu der Zeit eh schon war und mich nicht mehr gewehrt habe.

Naja, und was hier auch nicht beachtet wurde ist, was ich mir für später daraus mitgenommen habe, wenn vergleichbare Situationen entstanden sind und welche Glaubensmuster ich für mich daraus entwickelt habe.

Ganz grob und direkt gesagt – dazu haben natürlich noch mehr Situationen beigetragen – Tränen sind egal, nervig, machen (andere) hilflos und müssen schnell getrocknet werden. Und ich darf mich nicht wehren, muss mir alles gefallen lassen, damit ich nicht negativ auffalle.

Gut ist, Kinder können schneller zwischen ihren Frequenzen wechseln und ich war dem Jungen daher nicht lange böse. Das haben wir im späteren Alter dann leider häufig verlernt. Doch diese Erfahrung hat kleine Spuren hinterlassen.
Mit den Jahren kamen mehrere kleine Spuren dazu und haben sich gemeinsam fest verankert.

Irgendwie bleibt aus all den diversen Erlebnissen in Kindergarten, Schule, in der Familie usw. nur hängen, dass Tränen einfach nicht passen. Natürlich neben all den anderen Glaubensmustern, die sich daraus entwickeln.

Noch heute gelten Tränen als schwach, oder als Überreaktion. Aber warum? Wer sagt das? Warum genau können wir schlecht mit Tränen und den dazugehörigen Emotionen umgehen?

Wie ist das bei dir und deinen Tränen? Oder mit den Tränen von anderen?

Ich mag meine Tränen nicht mehr verstecken. Ein Mensch wie ich, der so unendlich viel fühlt, vierbiegt sich nur bei solch einem Versuch.

Das bedeutet ja nicht, dass ich ständig weine. Es bedeutet auch nicht, dass ich nicht einige Übungen parat habe, um Emotionen innerlich auszugleichen, um zum Beispiel Ruhe zu bewahren. (Dazu gerne ein anderes Mal mehr...)

Doch auch wenn mich beispielsweise ein Vortrag rührt, weil er mich vielleicht trifft, triggert oder bestätigt – dann gibt es schonmal Tränchen. Auch in Situationen von tiefem Mitgefühl oder großer Verbundenheit kullern (unkontrolliert) die Tränen.

Vielleicht kennst du aber auch das Gefühl, wenn du mit tausenden anderen Menschen bei einem Konzert bist und die Stimmung so krass emotional geladen ist. Du fühlst die Band und das Publikum, tauchst in die Musik - hörst wie zusätzlich alle mitsingen. Das ist so überwältigend, da weiß mein Körper manchmal nicht wohin und ja – auch da kullern die Tränen.

Auch finde ich gibt es einen Unterschied zwischen heilsamen Tränen und einem heilsamen Weinen – und einem anstrengenden, vielleicht sogar reinsteigerndem Weinen.

Ich wünsche mir jedenfalls sehr, dass Menschen sich ihre Gefühle wieder mehr erlauben. Auch gegenseitig.

Was berührt dich?

_____

_____

_____

_____

_____

_____

_____

Sind dir Tränen manchmal unangenehm? Wenn ja, in welchen Situationen und warum?

_____

_____

_____

_____

_____

_____

Wie gehst du mit Tränen um und wie möchtest du mit Tränen umgehen?

_____

_____

_____

_____

_____

_____

Platz für deine Notizen:

Alltagswahnsinn

Ich muss gerade eine Pause mache - ich kann einfach nicht mehr aufhören zu lachen.
Kennst du solch wunderbaren Lachkrämpfe?

Heute ist Heiligabend und ich möchte unbedingt diesen Moment festhalten. Dazu teste ich gerade mein Weihnachtsgeschenk von dem tollen Feinkoststand auf unserem Wochenmarkt.
Ein pinker Kugelschreiber wurde mir bei unserem Einkauf mit einem Lächeln und netten Worten übergeben. Als kleine Aufmerksamkeit.
Das hat wirklich mein Herz erwärmt und nun freue ich mich gerade noch einmal darüber.

Es sind so oft die kleinen Gesten. Oder immer?
Aber nun dazu, warum ich die Pause jetzt brauche.

Heute sind wir völlig entspannt aufgewacht und haben uns direkt eine schöne, geführte Meditation gegönnt. Danach haben wir einfach mal vom Bett aus Reportagen angesehen über frühere Zeiten im Norden zur Weihnachtszeit.

Wunderschön anzusehen, wenn diese Menschen von ihren Erlebnissen als Kinder erzählen. Das Gesicht von Falten durchzogen, glänzende Augen, ein Lächeln dabei. So viel Wärme. Wundervoll.

Dann gab es eine Runde Sport. Das war eine sehr gute Entscheidung.

Wir haben uns heute bewusst für einen ganz entspannten und glücklichen Tag entschieden, was bis hierher auch wunderbar funktioniert hat. So weit so gut.

Doch dann – zack! Die Stimmung ist mit einem Mal gekippt.

Wenn wir nicht gerade beide so gut erkennen könnten, was in uns vorgeht und was der Beitrag zu den jeweiligen Situationen von jedem von uns ist, dann würde ich hier wahrscheinlich gerade nicht lachend sitzen.

Es kam so:

Wie schon erwähnt, heute ist Heiligabend. Ich wollte mich noch etwas *um mich kümmern*. Kleidung raussuchen, vielleicht noch etwas für heute Abend vorbereiten. Alles ganz entspannt.

Meine *bessere Hälfte* wollte sich derweil schonmal rasieren, duschen – naja, eben sein persönliches Wohlfühlprogramm starten. Während er dann noch etwas unbeholfen in der Vorbereitung war, habe ich was Wichtiges gesucht.
Dazu lugte ich kurz ins Bad und da sah ich das *Unheil*: Mehr Chaos als vorher, was noch mehr Chaos nach sich ziehen wird!

In meinem Kopf direkt: *Alarmstufe rot*!

Ganze drei Tage wollte ich eigentlich nicht aufräumen, putzen, Wäsche waschen. Das hatte sich gerade scheinbar mit einem Schlag erledigt.

Also ja klar, er hat alles gut gemeint und ja, mit Haustieren klappt der Vorsatz *'nicht sauber machen'* eh nicht. Doch direkt jetzt schon am ersten Tag? Boah, nee...bäh.

Beste Lösung für mich? Ich putze jetzt einfach direkt das Bad komplett, also wirklich komplett. Dann habe ich die nächsten Tage sicher Ruhe (ich drückte mir die Daumen).
Und meine bessere Hälfte darf in der Zeit direkt nochmal das Haus saugen. Dann haben wir das auch nochmal ganz frisch.

Ist ja nicht schlimm...und geteiltes Leid...naja, du kennst das.

Während ich dann, noch immer etwas grummelig, zusätzlich anfing die Ecken mit der alten Zahnbürste zu reinigen – ist ja auch schön wenn alles glänzt – hörte ich plötzlich leises, fröhliches Summen im Haus. Dieses leise, fröhliche Summen wurde lauter und es war ein Weihnachtslied erkennbar - fröhlich gesungen.

So viel konnte ich neben dem Lärm vom Staubsauger raushören. Die Kater liefen mittlerweile sichtlich irritiert hin und her. Dort waren die Fenster auf, hier der Geruch von Putzmittel, auf der anderen Seite vom Flur der laute Staubsauger.

Der eine Kater ergriff die Flucht in den Garten das konnte ich sehr gut verstehen. Der andere wollte im Bad mitmischen und ich konnte ihn nur mit Mühe aus der Badewanne fernhalten. Sie spielen und trinken dort einfach zu gerne.

Ich schüttelte den Kopf und versuchte bei mir zu bleiben. Noch immer etwas genervt. So gerne wollte ich meine fröhliche Weihnachtsstimmung zurück und suchte krampfhaft nach tollen Gedanken und positiven Aspekten in dieser Situation. Klappte auch einigermaßen. Ein Blick auf die Uhr entspannte mich dann noch mehr. Es war genug Zeit, um alles in Ruhe zu schaffen.

Im Flur hörte ich nun das Rumpeln des Staubsaugers. Es ging scheinbar an die Treppe. "Die Treppe abzusaugen ist echt nicht meine Lieblingsaufgabe", dachte ich und machte weiter. Froh darüber, heute Unterstützung zu haben.
Jetzt wurde der Gesang laut hörbar. Mit jeder Stufe, die er mit dem Staubsauger weiter hoch ging, wurde der Gesang noch lauter. Und fröhlicher. Es wurde zu einem richtigen Weihnachtslied, lauthals und voller Hingabe gesungen.

Nun musste ich schmunzeln. Das hatte ich noch nicht erlebt. Direkt wurde mir warm ums Herz. Ich spürte ganz stark seine aufkommende Zufriedenheit. Ein schönes Gefühl.
Dann musste ich lachen. Ich prustete los und habe einfach gelacht. Ich habe gelacht, bis mir der Bauch weh tat und die Tränen über mein Gesicht liefen.

Hier im Bad war ich genervt vom Putzen. Naja wohl eher von mir, da das Putzen selbst mich ja gar nicht nerven kann. Nur meine eigenen Gedanken und meine Einstellung darüber.

Da habe ich mich bei meinen eigenen negativen Gedanken ertappt, mit denen ich mir selbst eine so unnötige Stimmung aufgeladen habe. Meine Gedanken waren *'wieder putzen'*, *'immer ich'*, *'warum denn ausgerechnet jetzt'*, usw. All das brachte mir eine blöde Laune.

Naja, und an anderer Stelle im Haus kam richtige Begeisterung beim Putzen auf – durch *positive* Gedanken. Mein Bester freute sich im Haushalt unterstützen zu können. Er freute sich, mehr als sonst zu Hause miterleben und mitwirken zu können. Er freute sich darüber, ein Teil vom gewöhnlichen Alltag sein zu können.
Er fühlte für sich perfekte, entspannte Weihnachten.

Als mir das bewusst wurde, änderte sich auch mein Gefühl wieder. Meine Einstellung, meine Frequenz, konnte ich direkt verbessern und erhöhen. Ohne Umwege.

Ich ging zu ihm und erzählte von meinen Gedanken. Wir neckten uns etwas und freuten und wieder, uns zu haben und über unsere gemeinsame Zeit.

Dies war einmal mehr ein sehr deutliches Beispiel dafür, wie sehr Gedanken unsere eigene Stimmung und Einstellung beeinflussen.

Gemeinsam haben wir uns dann an unsere Absicht für heute erinnert und diese direkt noch einmal laut ausgesprochen. Unsere Absicht für einen entspannten, fröhlichen Weihnachtstag - voller Liebe.

Dies ist eine sehr großartige Erkenntnis heute für mich und ein wundervoller Moment.

Vielleicht darf ich dich mit dieser kleinen Geschichte aus unserem Alltag dazu einladen, öfter über deine eigenen Gedanken nachzudenken. Es lohnt sich - ganz bestimmt.

Wann hast du das letzte Mal so richtig ausgiebig gelacht und warum?

_____

_____

_____

_____

_____

_____

In welchen Situationen reagierst du automatisch genervt und woran könnte das liegen?

_____

_____

_____

_____

_____

_____

Wann haben dich deine Gedanken das letzte Mal (unnötig) negativ beeinflusst?

_____

_____

_____

_____

_____

_____

In welchen Situationen möchtest du zukünftig entspannter reagieren und was kann dir dabei helfen?

_____

_____

_____

_____

_____

_____

Gehe deinen Auslösern auf den Grund! Schaue dabei nur auf dich. Was passiert in deinem Körper, welches Gefühl hast du, etc.

_____

_____

_____

_____

_____

_____

Platz für deine Notizen:

_____

_____

_____

_____

_____

_____

_____

_____

_____

_____

_____

_____

_____

_____

_____

_____

_____

_____

_____

_____

_____

_____

Empathisch & punk

Wie würdest du dich mit nur einem Wort beschreiben?

Frag mich nicht, weshalb mir diese Überlegung in den Kopf gekommen ist. Vielleicht ist dir schon aufgefallen, dass ich sehr viel mit mir rede, bzw. mir viele Themen ein Fragezeichen bereiten. Dann bekomme ich sehr oft Lust weiter darüber nachzudenken. Naja, oder mein Kopf macht es einfach - auch ohne meine Zustimmung.

Kennst du das auch? Du bist unter der Dusche, mähst den Rasen oder sitzt auf dem Klo und zack - plötzlich tauchen wie aus dem Nichts Fragen und Sätze in deinem Kopf auf.

Damit meine ich keine Grübelgedanken, sondern wirklich Interessantes. Oder auch irgendwelche witzigen Dialoge. Manchmal sind es auch vergangene Szenen, die sich dann vor meinem inneren Auge urplötzlich wiederholen und um Daseinsberechtigung betteln. Sie wollen nochmal durchgespielt werden.
Wenn es sich dabei beispielsweise um eine vergangene Unterhaltung handelt, fallen mir zig Versionen ein, wie ich hätte reagieren können. Handelt es sich dabei um eine eher unangenehme vergangene Unterhaltung, dann füge ich geistig gerne witzige Kommentare, Antworten und Reaktionen ein, mit denen in diesem Moment niemand gerechnet hätte.
Dann stelle ich mir das Gesicht des Gegenübers dabei vor. Herrlich.

Mit dieser Methode kann ich sehr gut solch unangenehme Begegnungen loslassen. Ich vergebe und
schließe ab. Das hilft mir sehr. So bleibe ich auf einer
freudigen Frequenz und diene nicht weiter als eine
Art Spiegel für die negativen Emotionen meines Ge-
sprächspartners. Ein sehr hilfreiches Tool.

Noch spannender wird es, wenn ich durch das Verhalten meines Gegenübers, in dessen scheinbar
noch alte Wunden, Muster und "Gedanken" schauen
kann. Es ist wie eine Art *Enttarnen*.
Dies ist überhaupt nicht böse gemeint, oder gar mit
Absicht.

Das fliegt mir einfach so zu und ich konnte damit
auch eine lange Zeit nicht umgehen. Viele Menschen
kann ich lesen wie ein Buch. Andere wiederum sind
mit einem fetten Vorhängeschloss versehen.

Mein Gegenüber kann sich daher noch so gemein
verhalten - wenn ich einen imaginären Spiegel hoch-
halte, dann sehe ich sehr viel.

Das mit dem Spiegel kann übrigens jeder, denn das
zeigt dir, dass das Verhalten deines Gegenübers
auch das Problem deines Gegenübers spiegelt. Du
bist also nicht dafür verantwortlich, sondern er/sie
selbst. Bei mir geht das dann halt mit dem Erkennen
einfach noch ein bisschen tiefer.
Zusätzlich darfst du dir gerne auch immer die Frage
stellen, warum dein Gegenüber dich gerade triggert,
oder diese Gefühle auslöst. (Daran erkennst du noch
deinen Anteil an dieser Situation)

Natürlich ist es nicht schön solch ein Verhalten zu erfahren und ja, es kann auch verletzen. Doch den wahren Hintergrund dafür zu erkennen, hilft mir, zu vergeben und Mitgefühl zu haben.

Aber dazu mag ich dir kurz etwas erklären.
Vergeben bedeutet nicht, dass ich negatives Verhalten gutheiße, dulde, oder akzeptiere. Vergeben bedeutet auch nicht, dass ich es laut aussprechen muss. Auch darf ich entscheiden, ob diese Person weiter Teil meines Lebens bleibt, oder besser nicht. Doch vergeben ist sehr heilsam.

Mitgefühl ist ein großer Unterschied zu Mitleid. Schon lange habe ich mir Mitleid abgewöhnt, denn es nützt keinem etwas. Zusätzlich tut es mir weh, obwohl es nicht *mein Thema* ist. Empfinde ich dagegen Mitgefühl, dann kann dieses Gefühl sehr groß und tief sein. Dennoch kann ich es *aus mir* fernhalten. Ich erlange dadurch eine gute Distanz.
Mitleid zieht mich runter, Mitgefühl unterstützt.
Verstehst du, was ich meine? Wendest du das auch an?

Das Alles zu verstehen und auch im entscheidenden Moment anzuwenden, war ein ziemlich langer Prozess. Doch die ständige Übung hat sich sehr gelohnt. In dem Moment, wenn ich vergebe und eine Entscheidung treffe, stecke ich nicht mehr in der Opferrolle.

Klar habe auch ich mein Ego auf der Schulter sitzen, was mir dabei manchmal den Vogel zeigt.

Das kennst du vielleicht auch. Einfach sauer sein wirkt ja viel logischer, wenn sich jemand schlecht verhält.
Doch das macht allein unser Ego und bringt uns keinen Schritt weiter.

Ich lade dich herzlich dazu ein, dir Gedanken über vergangene Situationen in deinem Leben zu machen, bei denen du diese Methode anwenden kannst. Es gibt ganz bestimmt tolle Übungssituationen, die du damit nun positiver für dich abschließen kannst. Trau dich, es tut nicht weh - ganz im Gegenteil. Befreie dich!

Nun bin ich ganz von meinem ursprünglichen Thema abgekommen. Das kann ich gut. Obwohl es sicher auch dazu wieder Verbindungen gibt. Scheinbar wollte der kurze Schlenker zu Vergebung und Mitgefühl raus, weil es für irgendjemanden da draußen gerade ganz bedeutsam ist. Vielleicht sogar für dich.
Also zurück zu meiner ursprünglichen Frage. Wie würdest du dich mit nur einem Wort beschreiben?

Diese Frage spukte mir vor Kurzem im Kopf herum.

Wahrscheinlich suchst du nun auch schon nach dem einen passenden Wort für dich – bewusst oder unbewusst.

Vor einiger Zeit hätte ich bei dieser Frage auch nach dem *einen* passenden Wort gesucht. Krampfhaft hätte ich nach einem Wort gesucht, was irgendwie alles Wichtige beinhaltet. Ein Wort, mit dem ich mich gut identifizieren kann.

Heute kommt mir allerdings spontan eine ganz andere Antwort in den Kopf, an der ich meine positive Entwicklung erkenne.
Spontan ist meine Antwort: "empathisch und punk".

Nun würde verständlicherweise der Einwand kommen: "Das sind aber zwei Wörter und nicht nur ein Wort."
Worauf meine Antwort wäre - aus tiefstem Herzen: "Stimmt. Ich mag einfach nicht begrenzt werden."

Als mir das damit klar wurde, fühlte ich weitere imaginären Ketten, die dadurch auch noch gesprengt wurden. Keine Ahnung wie viele Zwangsjacken und schwere Eisenketten ich mir selbst auferlegt habe in meinen 37 Lebensjahren.
Zusammengebrochen durch dieses enorme Gewicht bin ich schon oft. Genauso oft auch wieder aufgestanden. In den letzten Jahren habe ich schon viele Jacken ausziehen und Ketten lösen können. Doch diese Erkenntnis fühlte sich wie das Sprengen einer noch sehr fest sitzenden, riesigen, gut versteckten Kette an. Eine wundervolle Befreiung. Es wurde so klar in meinem Kopf, so leicht in meinem Körper. Unbeschreiblich schön und so wertvoll.

Oh ja, ich hatte mich begrenzen lassen - und wie. Schon ganz früh habe ich, durch die mir selbst antrainierten Glaubensmuster, mich nicht gelebt. Jetzt kann ich ganz offen sagen, dass ich nicht mehr begrenzt leben möchte, sondern frei!

Bitte verstehe das nicht falsch. Nur weil ich frei lebe und meine Entscheidungen und meine Absichten frei lebe, bedeutet es nicht, dass ich andere damit verletze. Oder mit einer "mir-doch-egal"-Masche über alles hinweg rolle. Ganz im Gegenteil.
Es bedeutet, dass ich nicht mehr der Spiegel für andere sein möchte - und ich quasi *durch ein Loch* in genau dem Spiegel, alles auf mich projiziere (ich hoffe es ist verständlich, was ich damit meine). Es bedeutet, dass ich erkannt habe, dass ich mein Leben so schön gestalten darf und in Freude leben darf, wie ich es möchte. Es bedeutet, dass ich genau so richtig bin, wie ich bin. Es bedeutet, dass ich mich mit meiner Hochsensitivität/Hochsensibilität und meiner Vielbegabung lieben gelernt habe. Und es bedeutet, dass ich bereit bin,
immer weiter über mich dazu zu lernen. Dass ich bereit bin, mich immer mehr zu erfahren und zu entwickeln. Ich bin bereit für meinen persönlichen Sinn des Lebens und habe so unfassbar Bock auf alles was kommt.
Und: ich setze Grenzen. Ich erlaube nicht mehr jedem wahllos mit mir umzugehen.

Ich möchte nicht behaupten, dass mein Leben jetzt rosarot ist. Nein. Es gibt auch für mich noch tiefschwarze Zeiten.

Doch aus diesen tiefen Brunnen wieder hinaufzuklettern geht jetzt schneller und es ist etwas leichter.

Noch immer unfassbar anstrengend, aber mit meinen gewonnenen Erkenntnissen und meinem stetig wachsenden Wissen auch wesentlich leichter.

Wie ist es bei dir?

Welche selbst auferlegten Begrenzungen möchtest du auflösen?

_____

_____

_____

_____

_____

_____

Auch an dieser Stelle möchte ich dich einladen, mutig zu sein. So mutig, um dir ganz nahe zu kommen. So mutig, um dich wirklich zu erkennen. Naja, und wenn es weh tut - sorry, da bist du genau richtig. Da sitzen die Brocken, die du für dich auflösen darfst.

Es tut manchmal weh, verdammt weh und es ist oft auch nicht einfach – vor allem komplett ehrlich zu sich zu sein - doch das Ergebnis lohnt sich so sehr.

Auch ich entdecke selbstverständlich noch immer hier und da so kleinere und größere Blockaden, die aufgelöst werden möchten. Teilweise schaffe ich es schon gut alleine sie zu erkennen. Bei einigen hole aber auch ich mir Unterstützung.

Eine passende Begleitung in solch einem Wachs-
tumsprozess gibt ein ganz wunderbares Gefühl.

Das bin ich mit einem Wort:

_____

_____

_____

_____

Diese Blockaden/Glaubenssätze sind mir aufgefallen
und möchte ich auflösen:

_____

_____

_____

_____

_____

_____

Wo beschränkst du dich selbst zu sehr und möchtest
dir mehr Freiheit geben?

_____

_____

_____

_____

_____

_____

Platz für deine Notizen:

_____

_____

_____

_____

_____

_____

_____

_____

_____

_____

_____

_____

_____

_____

_____

_____

_____

_____

_____

_____

_____

Zeichen

Während ich mir gerade ein Video von meinem Kurs ansehe, welchen ich aktuell absolviere, entdecke ich einen Eichelhäher im Vorgarten. Ein faszinierender Vogel. So wunderschön. Doch das wirklich spannende an diesem Geschöpf ist, *wann* ich es sehe.

In dem Video gerade ging es um Routinen und Kreativität. Dieses Thema kam wieder genau zur richtigen Zeit, da ich etwas mit mir haderte. Nun konnte ich doch wieder besser *mit mir umgehen* und durfte dadurch einmal mehr erkennen, dass ich auf dem für mich passenden Weg bin.

Auch, dass ich für mich in den Dingen richtig bin, bei denen ich von Außen des Öfteren Ablehnung erfahren habe (Kleidung, Gangart, Interessen, usw.).

Genau in diesem Moment sah ich also "meinen" Eichelhäher und mir wurde warm ums Herz. Spannenderweise ist er zur Stelle, wenn ich ins Straucheln gerate und doch irgendetwas in mir ruft: "Hey Merle, es ist doch genau richtig so!".

Ein sehr schöner Begleiter und ich bin immer wieder so unendlich dankbar für diese eindeutigen Zeichen.

Du kennst es sicher auch, wenn dir durch diverse Möglichkeiten die Zeichen gegeben werden. Falls du es bis jetzt gerne als *'och so ein Zufall'* abgetan hast, dann achte doch einmal genauer darauf. Vielleicht braucht es etwas Übung, bis du es erkennst. Vielleicht kannst du das aber auch schon ganz gut, hast dir allerdings beigebracht sie zu ignorieren?

Erlaube dir sie wahr zu nehmen und schreibe sie dir auf. Manchmal hast du einen direkten Zusammenhang parat, manchmal braucht es eventuell etwas Zeit. Diese besagten Zeichen können unterschiedlich sein. Ganz individuell.

Vielleicht ist es ein Lied, oder auch nur eine bestimmte Zeile daraus. Vielleicht eine Melodie, die dir einfach so in den Kopf kommt. Es kann auch ein Tier sein, oder ein Wort - oder, oder. Da gibt es keine Grenzen. Vertraue dir.

Erlaube dir, auf deine Intuition zu achten. Sie ist so ein wunderbarer Begleiter und Wegweiser. Auch, wenn uns dies in gewissen Situationen ganz und gar nicht so vorkommt.

Weißt du, auch mir geht es noch immer mal wieder so. Diese Momente, wenn alles auf einmal passiert. Wenn einfach alles zu viel wird. Wenn dieser Tornado im Kopf sich auftürmt und kein Durchdringen in Sicht ist. Wenn der Körper dann auch noch eskaliert.

Vielleicht durch Kopfweh, Müdigkeit, Krämpfe, oder durch andere unerwünschte Ausfallerscheinungen. Wenn gefühlt dann gerade einfach mal alles scheiße ist und du keine Ahnung hast, wie es weitergehen soll.

Wenn der Impuls dann nur noch >schreiend wegrennen< oder >Bettdecke über den Kopf< ist.

Die Kunst ist dann (und auch ich bin kein Profikünstler), wie du damit umgehst.

Manchmal möchte ich erstmal gar nicht damit umgehen. Aber dann läuft es ungefähr so bei mir ab: weinen, Kopfschütteln, fluchen, nichts mehr verstehen. Danach erstmal viel Ruhe, Erholung, Selbstfürsorge - und DANN: "Ey Merle, warte mal": atmen, erstmal wieder ganz stark auf meine Atmung achten. (Meine Blockaden lösen teilweise sogar Sprachstörungen aus).

In solchen Momenten darf ich mich daran erinnern, dass sicher irgendwie ein Weg oder eine Lösung da ist. Oder die Lösung liegt vielleicht auch schon vor mir und ich sehe sie nicht. Ich mache auf jeden Fall Dinge, die mir (sonst) guttun, um mich erstmal aus dieser negativen Spirale zu bekommen. Das kann auch ein paar Tage dauern.

Oft kommt in dieser Zeit auch innerlich die Ruhe zurück und ich kann meinen Kopf sortieren. Dann sehe ich endlich klarer und erkenne wieder die Zeichen.

Diese Situationen tauchen bei mir häufig auf, wenn ich mich in einer neuen Entwicklungsphase befinde. Wie eine Art Prüfung.

Gut ist, dass ich es mittlerweile erkenne und meine Methoden anwenden kann. Als hochsensible Scanner Persönlichkeit scheinen mir diese *'Entartungen'* dann noch extremer.

Einfach, weil da ja eh im Kopf und Körper schon mehr abgeht und aufgenommen wird, als es vielleicht bei jemand anderem der Fall ist.

Gelernt habe ich auch, diese Momente schnell zu erkennen, um nicht wieder in alte Muster abzurutschen.

Apropos Muster. In diesen Phasen sind noch alte Glaubensmuster erkennbar. Diese suche ich mir dann aus dem ganzen Wirrwarr heraus und kann hier und da sehr gut nacharbeiten.

Einige Glaubensmuster sind so toll antrainiert, da dauert es mit der Auflösung einfach länger. Daher können sie sich (ganz unverhofft) leider noch einmal mehr bemerkbar machen.

Glaubensmuster auflösen ist ja keine Zauberei. Es war nun mal langes Training, sie zu erschaffen und fest zu verankern. Daher dauert es andersrum auch mit entgegengesetztem Training, sie aufzulösen.

Jetzt gerade war zum Beispiel bei mir wieder aktiv: *'Es muss erst schlimmer werden, bevor es besser wird'*.

"What the Fu**! Nee warum? Das ist doch wirklich Bullshit…", denke ich mir.
Es darf doch auch *einfach nur so* toll sein und noch viel besser werden. Ja genau, das darf es! Weil ich mir das erlaube und weil mir Glück zusteht.

So wie jedem anderen übrigens auch. Auch dir. Auch dir steht Glück zu.

Glaube mir, nach so vielen harten Jahren und der ganzen Aufarbeitung bin ich es manchmal echt leid.

Ja, manchmal habe ich einfach keine Lust mehr. Da denke ich nur noch "ach scheiße, wieder so ein Glaubenssatz, der mir ein Bein stellt".

Aber gut, nützt ja nix.

Nach kurzer Zeit stellt sich dann auch ein tolles Gefühl ein, denn ich habe erkannt, was da los ist. Ab diesem Moment, spätestens, habe ich es selbst in der Hand.

Durch meinen ganz eigenen, persönlichen Glaubenssatz habe ich mir ganz alleine diese fu** Situation gebaut.

Mit dieser Erkenntnis gewinne ich die Möglichkeit, mir die Macht über mich und diese Situation zurückzuholen.

Es hilft ungemein aus dieser Opferhaltung auszusteigen.
Und dann kann ich - damit und daran - arbeiten.

Bitte nicht falsch verstehen, es geht hier nicht um Schuld, Schuldzuweisung oder Bestrafung. Ganz und gar nicht.

Jede Situation im Leben erschaffe ich ja für mich selbst – was ich mache, wie ich fühle, wie ich darüber denke. Und ich kann auch selbst entscheiden, wie ich damit umgehe.

Damit sich unangenehme Situationen nicht ständig wiederholen, darf ich erkennen, woran es liegt, dass ich diese wie magisch anziehe.

Es ist ein sehr spannendes Thema und ich finde auch ein sehr wichtiges.

Wenn du dann noch als hochsensible oder hochsensitive Person die Gefühle anderer wahrnimmst und eventuell zusätzlich auch noch fälschlicherweise als deine eigenen ansiehst, dann kann es nochmal mehr wichtig sein zu erkennen, wo es *hakt*.

Welche Glaubensmuster hast du dir antrainiert, die du gerne loslassen und verändern möchtest?

_____

_____

_____

_____

_____

_____

Welche Zeichen sendet dir dein Körper in für dich unpassenden Situationen/Phasen?

_____

_____

_____

_____

_____

Welche Zeichen sind dir schon einmal bewusst aufgefallen, um dich wieder auf deinen „richtigen" Weg zu bringen?

_____

_____

_____

_____

_____

Platz für deine Notizen:

_____

_____

_____

_____

_____

_____

_____

_____

_____

_____

_____

_____

_____

_____

_____

_____

_____

_____

Energie

Vorab möchte ich anmerken, dass ich in diesem Abschnitt nicht von einer (diagnostizierten) Depression spreche. Das ist etwas anderes und gehört in Expertenhände. Da gibt es unterschiedliche, ganz wunderbare fachliche Unterstützung.

In diesem Bereich reiße ich das Thema Energie an. Auch Energie ist ein umfangreiches Thema. Hier geht es bei mir allerdings um ganz bestimmte Momente. Ich meine an dieser Stelle eine Situation, die oft von hochsensiblen und vielbegabten Persönlichkeiten erlebt wird. Vielleicht auch von anderen, aber das weiß ich nicht.

Bestimmt ist dir schon einmal aufgefallen, dass du manchmal irgendwie keine Lust hast etwas anzufangen. Also gerade einfach keine Lust dazu hast, überhaupt *irgendeiner* Tätigkeit nachzugehen.

Du fühlst dich träge und wenn du daran denkst, dann wird es noch schlimmer. Auf der anderen Seite hättest du eigentlich total Lust genau *das* zu machen – wenn da nicht diese Schwere auf den Schultern wäre, die versucht, dich nach unten zu ziehen.

Kennst du dieses Gefühl bzw. diese Situation? Mich hat es leider schon so oft begleitet.
Wir hatten gerade erneut dieses Thema am Frühstückstisch, darum möchte ich es gerne mit dir teilen.

Ich war einfach wieder komplett überladen durch die letzten Wochen und hatte trotzdem diese krasse Energie in mir. Zwei Pole, die sich innerlich anziehen und abstoßen - und das zeitgleich.

Wenn ich erneut in diese Lage komme, es irgendwie sehr schwer auf meinen Schultern drückt, mein Körper das Bedürfnis von Ruhe sendet, mein Kopf aber Lust auf Aktivität hat – dann höre ich ganz bewusst in mich hinein und suche nach der Überlastung.

Ich suche nach der Reizüberflutung. Irgendwo gab es dann ganz sicher diesen Moment, in dem ich mich überladen habe und die Reize noch nicht so schnell verarbeiten konnte.
Vielleicht arbeitet es in mir zu der Zeit auch extrem viel und schnell, was mehr Energie verbraucht.

Wenn dann der Moment gekommen ist, dass eine ruhige Phase mich noch träger macht - und nicht erholt - dann fange ich an und versuche, dass die Lust sich während einer einfachen Aktivität, die mir normalerweise Freude bereitet, wieder dazu gesellt. Ohne mich dabei zu überfordern.

Manchmal gibt es nämlich Situationen, in denen mich Erholung noch schlechter fühlen lässt. Ruhe entspannt mich dann nicht, sondern macht mich noch träger.

Durch die begonnene Aktivität ist es sehr gut möglich, dass mein Kopf ruhiger wird, meine Muskeln entspannter werden und die Last weg geht.

Also - aufraffen und los!
So schwer es ist, du wirst von dem positiven Effekt begeistert sein.

Als kleinen weiteren Antrieb kannst du dir im Vorfeld auch direkt eine Pause mit einplanen oder deinen Feierabend einfach im Voraus für dich festlegen. Oft vergesse ich dann aber beides bei der Durchführung meiner Aktivität, weil der kleine träge Teufel sich in Luft aufgelöst hat und mir die Aktion richtig gut getan hat.

Dabei aber bitte wirklich aufpassen, dass du dich nicht direkt wieder übernimmst. Das ist wichtig.

Es ist immer gut in deinen Körper zu hören, auf dich Acht zu geben und dir angemessene Pausen und Auszeiten zu nehmen.

Selbstverständlich gibt es auch Momente, in denen eine Erholungsphase angebracht ist. Doch dieser Moment fühlt sich anders an, als der Trägheitsteufel. Falls du den Unterschied noch nicht bewusst wahrgenommen hast, dann horche mehr in dich hinein und vertraue deiner inneren Stimme!

Wann brauchst du mehr Pausen?
Wann richtige *Schlunztage* auf dem Sofa?
Wann darfst du dir liebevoll in deinen hübschen Po treten, um dich aufzuraffen?

Beobachte dich doch einmal genauer.

Im Anschluss an dieses Kapitel hast du wieder die Möglichkeit für deine eigenen Notizen.
Dort kannst du super deine Beobachtungen festhalten. Nutze die Möglichkeit!

Es macht sehr viel Spaß sich immer besser kennen zu lernen und einschätzen zu können – und es vereinfacht so unendlich viele Situationen.

Wie viele Stunden Schlaf brauchst du regelmäßig, um erholt und ausgeschlafen zu sein?

_____

_____

_____

_____

Welche entspannten/einfachen Aktivitäten bereiten dir immer wieder Freude?

_____

_____

_____

_____

_____

_____

_____

Welche Situationen überlasten dich schnell?

_____

_____

_____

_____

_____

_____

_____

_____

_____

_____

Wann bzw. in welchen Momenten könntest du dir mehr Pausen einplanen?

_____

_____

_____

_____

_____

_____

_____

_____

_____

Platz für deine Notizen:

_____

_____

_____

_____

_____

_____

_____

_____

_____

_____

_____

_____

_____

_____

_____

_____

_____

_____

_____

_____

_____

_____

Bingo

Kennst du Partybingo (oder auch Festtagsbingo, Familienbingo o.ä.)?

Definitiv eine große Unterstützung für die nächste Feier! Ich habe diesen Ratschlag einmal vor einem anstehenden Familienfest bekommen und bin bis heute unendlich dankbar dafür. Es hat mich einfach durch den Abend gerettet. Darum möchte ich es jetzt auch an dich weitergeben.

Ich finde gemeinsame Treffen wirklich schön und hatte Angst, dass ich ein weiteres Mal zulasse, dass mir meine Freude genommen wird.

Für das Partybingo gestaltest du dir nun einen individuellen Spielzettel. Die Größe entscheidest du selbst. Ich finde ein Blatt mit 3x3 oder 4x4 Feldern ganz angenehm. Dann bleibt es übersichtlich.

In die einzelnen Felder notierst du dir vorab Sprüche oder Gesten, welche du auf der anstehenden Feier auf jeden Fall erwartest - und vor denen es dir eventuell schon graut. Sicher fällt dir direkt passendes Füllmaterial für deine Felder ein.

Gerne gebe ich dir aber auch ein paar Beispiele zum besseren Verständnis:

Vielleicht gibt es bei dir die Tante, die jedem Kind gerne in die Wange kneift und die aktuelle Größe noch einmal begeistert hervorhebt.

87

Oder es gibt bei dir genau die eine Person, die definitiv immer eine halbe Stunde zu spät kommt und alle warten schon hungrig.

Vielleicht hast du dazu auch die passenden Ausreden schon im Vorfeld parat, oder die immer gleichen Sprüche der bereits wartenden Gäste.

Möglicherweise gibt es da aber auch noch den einen Cousin, der wieder unglaublich mit seiner Arbeit prahlt und den eigentlich auch keine Neuigkeiten anderer Anwesenden interessieren. Vielleicht bekommst du aber auch bei jedem Fest die gleichen gemeinen Worte zu hören.

Oder du fühlst dich insgesamt als das schwarze Schaf der Familie, hast einige Sprüche auf solchen Festen auszuhalten und bist noch nicht soweit diesen Veranstaltungen einfach fernzubleiben? (Ich finde schwarze Schafe übrigens wunderschön)

Vorstellbar ist aber auch, dass du noch unsicher bist, wie du in diesen Situationen gut für dich reagieren kannst. Oder wie du am einfachsten Mitgefühl für das Verhalten deines Gegenübers aufbringst.

Dann ist dieses Spiel womöglich deine Rettung. Für mich war es das auf jeden Fall schon sehr oft. Manchmal sogar im Vorfeld, da direkt eine heitere Stimmung aufkommt.

Mache dir also vorher deinen super Spielzettel fertig, straffe deine Schultern und los geht es!

Deine Kästchen gefüllt mit allen scheiß Sprüchen, die du zu 98% *immer* abbekommst. Dazu noch ein paar unangenehme Fragen, die dir jedes Mal gestellt

werden und einige Verhaltensmuster, die dir aufsto-
ßen, oder dich einfach amüsieren.

Wenn dann das jeweilige eintrifft, hake es auf deinem Zettel ab - und in deinem Kopf. Das ist ganz
wichtig.

Sei gespannt, es wird dich gar nicht mehr so schlimm
treffen, weil du vorher damit gerechnet hast. Das ist
eine große Erleichterung. So kann das Fest für dich
sogar recht spaßig werden und vielleicht hast du ja
auch einen verbündeten Mitspieler. Das ist dann
doppelter Spaß.

Durch dieses Spiel habe ich für mich einiges aufar-
beiten können und ich wurde nicht mehr so sehr wie
eine Art Zielscheibe genutzt. Machte ihnen scheinbar
nicht mehr so viel Freude, da es mich nun kaum traf.

Bei wiederum anderen Feiern habe ich für mich be-
schlossen einfach fern zu bleiben. Das ist bis heute
Balsam für meine Seele.

Wie du auf das Verhalten anderer Menschen reagierst, das kannst nur du selbst steuern.
Sei harmonisch und achtsam mit dir. Sei liebevoll zu
dir.

Es ist vielleicht kein einfacher Weg, doch dafür ein
sehr lohnenswerter.

In welchen Situationen möchtest du gelassener reagieren?

_____

_____

_____

_____

_____

_____

_____

_____

_____

_____

Was trifft dich auf Festen besonders? Welche Situationen sind dir unangenehm und wie möchtest du zukünftig reagieren?

_____

_____

_____

_____

_____

_____

_____

_____

_____

_____

<u>Platz für deine Notizen:</u>

Freude

Zweimal wurde mir jetzt die Vorfahrt genommen, einmal ziemlich extrem die Kurve abgeschnitten, zweimal wurde ich sehr stark zur Seite gedrängt und einmal wurde ich gedrängelt - ein guter Schnitt.

Es ist Montagmorgen, noch vor sieben Uhr und ich habe meinen Mann nach dem Urlaub in die Firma gefahren, da der Firmenwagen dort stand.
Eine Strecke von etwa 20 km über Landstraßen. Ein Weg durch die wirklich schöne Landschaft hier bei uns.
Allerdings war dies nur ein kleiner Einblick der Hinfahrt und der Rückweg war leider nicht besser. Ich habe mich auf halber Strecke dann für eine Fahrt durch Nebenstraßen entschieden. Da dauert der Weg zwar fünf Minuten länger, ist aber wesentlich entspannter.

Weder renne ich jeden Tag wie ein *Gutelaunebär* durch die Gegend, noch fahre ich wie eine Schnecke Auto. Nein nein, doch ich erlaube mir zu behaupten, dass ich einfach etwas respektvoll unterwegs bin.
Ich empfinde wirklich tiefes Mitgefühl für all diese scheinbar unglücklichen Menschen. Mir ist das Verhalten auf den Straßen zwar nicht neu, doch immer wieder erschreckend und es macht mich traurig.

Empfindest du das respektlose Miteinander, oder besser gesagt das *Gegeneinander* auf den Straßen auch als unangenehm? Es wäre so schön, wenn wir doch wieder mehr aufeinander Acht geben würden und die angestauten Unmutsgefühle nicht im Straßenverkehr rauslassen.

Erst vor kurzem ist hier auf der Hauptstraße wieder ein schlimmer Autounfall gewesen, bei dem eine junge Frau gestorben ist. Leider nicht der erste tödliche Unfall auf dieser Strecke. Das macht mich traurig.

Ich frage mich wo es hinführt, ob es schlimmer wird, wann es wieder ruhiger wird. Eigentlich wollen wir doch alle einfach nur glücklich sein, oder?

Diese Woche startet mit wunderschönem Sonnenschein und angenehmen Temperaturen. Ganz leicht schwebt der Nebel über dem Wasser vom Kanal und den noch feuchten Feldern. Die Sonne hat schon Kraft um diese Uhrzeit und lässt das Grün funkeln. Die Vögel sind aktiv.
Es ist ein so wundervoller neuer Tag.

Doch was ich sehe und von anderen Menschen fühle, entspricht dem Gegenteil. Leider. Hektik, verbissene Gesichter, Angst. Grimmig die Hände an das Lenkrad gekrallt. Das macht mich traurig.

Umso mehr freue ich mich über jedes fröhliche Gesicht. Es gibt sie also noch. Das beruhigt mich in dieser Situation.

Doch die meisten sind morgens scheinbar übellaunig und gestresst unterwegs, hauptsächlich zu ihrer Arbeitsstelle.

Einmal mehr wird mir bewusst, dass ich in einer *normalen* Anstellung nicht mehr glücklich werde. Allein der Gedanke an diesen morgendlichen Stress auf der Straße und die bevorstehenden Stunden mit dem Gefühl von Gefangenheit hinterlässt ein Kneifen in meinem Magen.

Ich brauche Freude an meiner Aufgabe, möchte mich frei fühlen und brauche selbstbestimmbare Flexibilität. Dann macht es auch Sinn.
Ich möchte Menschen in strauchelnden, für sie unklaren Situationen unterstützen und sie eine Zeit begleiten.
Nicht wie in anderen Berufen die Hilfe nur vorgeben. Mich interessiert es wirklich, dass es den Menschen gut geht und ich möchte nicht nur irgendeinen Schein waren. Davon habe ich genug und das hat noch nie zu mir gepasst.

Mein Körper hat sich dazu sehr deutlich bemerkbar gemacht und mir eine Krankheit gezaubert, damit ich endlich aus meiner Trance erwache.

Kennst du das auch, wenn dein Körper rebelliert, und hast du ihm dann schon einmal genau zugehört?

Naja, ich glaube jedenfalls nicht, dass wir auf der Welt für all diese negativen Gefühle sind.

Wir dürfen frei sein!

Wir dürfen unseren Sinn des Lebens erkennen.

Wir dürfen leben und wachsen!

Wir dürfen Freude empfinden und lieben!

Wir dürfen uns immer und immer weiterentwickeln.

Wann hast du dich im Spiegel das letzte Mal selbst angelächelt und dir ein Kompliment gemacht?

_____

_____

_____

_____

_____

_____

Welche Komplimente findest du besonders schön und könntest du dir selber machen bzw. welche Komplimente machst du dir gerne selber?

_____

_____

_____

_____

_____

_____

Fühlt es sich komisch an, wenn du dir selber Komplimente machst? Wenn ja, woran liegt das genau und
wie kannst du das für dich verändern?

_____

_____

_____

_____

_____

_____

_____

_____

Was möchtest du für einen respektvolles Miteinander
beitragen?

_____

_____

_____

_____

_____

_____

_____

_____

_____

Platz für deine Notizen:

Blaufilter

Kennst du eine Brille mit Blaufilter? Ich bin ein bisschen doll verliebt in diese Dinger!

Dieser Filter hat mir so viel Lebensqualität zurück gebracht - unglaublich.

Gerade habe ich mir diese Brille aufgesetzt. Irgendwie habe ich heute das Gefühl, als wenn mir alles zu hell, viel zu grell ist. Kennst du das?

Dann schleicht sich kurz wieder der Gedanke ein, ob es nur mir so geht. Doch sofort wird mir klar, dass es gar nicht nur mir so gehen kann.

Ich kann mit meinen Gefühlen und Empfindungen gar nicht allein auf der Welt sein. Es gibt da draußen so viele Menschen. Irgendwo sind da auch solche wie ich. Davon war ich tief in mir schon immer überzeugt.
Vielleicht ja auch genau heute, mit genau den gleichen Gefühlen wie ich an diesem Tag, in diesem Moment.
Heute ist mir klar geworden, dass ich einige Krankheiten riechen kann. Dass ich sie fühlen kann - auch bei anderen - war mir schon länger bewusst. Aber so richtig riechen, dass habe ich erst jetzt verstanden.

Ich sollte vielleicht erwähnen, dass ich sehr ausgeprägte Sinne habe - schon immer. Vielleicht kennst du das?

On top habe ich heute sogar erkannt, was genau ich da rieche.
Für einige mag sich das vielleicht sonderbar anhören, aber vielleicht verstehst du auch was ich sagen möchte.

In den letzten Tagen wollte ich mir da, wie so oft, noch nicht so ganz trauen.
Aber dieses *'mir nicht so ganz trauen'* und *'meine Empfindungen in Frage stellen'* ist ein anderes Thema. Heute jedenfalls *rieche* ich ganz deutlich, dass wir beide hier zu Hause bzw. unsere Körper eine bestimmte Virusinfektion abwehren und auch das Erlebte der vergangenen Wochen verarbeiten.

Ein ziemlich übler Geruch wie ich finde – und ja, wir duschen regelmäßig und legen sehr hohen Wert auf Körperhygiene. Da kann ich dich beruhigen.

Seit mir nun diese Erkenntnis heute kam, kann ich mit dem Geruch allerdings besser umgehen. Selbstreflektion, Vertrauen in mich selbst, gepaart mit Selbstfürsorge und Anerkennung für mich – das Alles hilft mir enorm.
Einmal mehr bin ich froh und dankbar für meine Entwicklung zu und mit mir selbst. Insgesamt bin ich sehr dankbar für die letzten Wochen.

Dabei fällt mir gerade ein Satz auf, eine Frage, die mir oft gestellt wird: "Was machst du jetzt?"
Muss ich denn immer etwas machen? Mich setzt die Frage irgendwie unter Druck. Oder besser gesagt,

ich setze mich durch die Frage unter Druck. Denn wie ich auf etwas reagiere, kann ja bekanntlich nur ich steuern.

Ich möchte viel öfter einfach nur *sein* dürfen. In solchen *off- Zeiten*, wie ich sie gerne nenne, passiert doch schon so viel. Alles soll immer produktiv sein, einen messbaren Erfolg bringen. Natürlich ist mir diese Art bekannt und ich unterstütze es auch, wenn es um die Zielsetzung geht.
Doch sind die Erfolge bei *einfach nur sein* schon enorm groß und ich befürchte, wir haben das ganz schön verlernt.

In diesen Momenten kommen Impulse, Ideen, Entspannung - es passiert so viel Wunderbares in diesen *nur-sein- Momenten*. Ich könnte hier eine lange Liste fortführen, was alles in dieser Zeit entstehen kann.
Mit der daraus entstehenden Energie geschieht so viel und es wird so Vieles in Bewegung gesetzt.

Wer hat denn eigentlich gesagt, dass wir immer geschäftig sein müssen und nur diese Art produktiv ist? Ich vermute, dass sich aufgrund diverser Gegebenheiten diese Sichtweise entwickelt hat und die Menschen einfach nur diesem Glauben folgen – und vielleicht viel zu lange nicht in Frage gestellt haben.
Heute wird es ja teilweise auch schon widerlegt und dazu angeregt, mal *abzuschalten*.
Dazu mussten scheinbar erst genug diesem Leistungsanspruch nicht mehr gerecht werden können, damit sich die Sichtweise verändert. Doch es findet derzeit auch eine Art Revolution statt und Menschen

lernen, dass kleine Auszeiten sehr wichtig und völlig in Ordnung sind. Ich glaube das neue bzw. das Modewort dafür ist 'me-time'.

Naja, mir egal wie es heißt und ich bin oft zwiegespalten. Also es ist ja schön, wenn sich die Gesellschaft entwickelt, Vorurteile weniger werden in bestimmten Bereichen und die Gesellschaft offener wird. Schade finde ich allerdings, dass es eine durchaus allgemeingültige Akzeptanz scheinbar erst durch gewisse Trends bekommt. Und wer genau setzt dann eigentlich diese Trends? Wer sagt das – und sind diese Menschen dann einfach nur lauter als andere, damit es akzeptiert wird?

Manchmal wünsche ich mir eine Zeitreise zurück, nur um Entwicklungen zu beobachten und um sie dann ganz genau zu verstehen. Im selben Moment wird mir allerdings bewusst, dass meine aufkeimenden Gedanken und Antworten auf diese Fragen scheinbar richtig sind.

Auch jetzt kommen wieder so viele Gedanken und Impulse bei mir an. Kennst du das?

Mein Kopf kann sie dann gar nicht alle sortieren, damit ich sie bewusst wahrnehme. Ich merke, dass ich gerne alles aufschreiben, irgendwie schnell aufzeichnen möchte. Aber das ist unmöglich.
Es ist zu viel – viel zu viel.
Also versuche ich meinem nächsten Impuls zu folgen. Immer *einer* Frage, *einem* Bedürfnis nachzugehen und - schreiben.

So lange und so viel schreiben, wie es mir guttut - mir eine Pause dabei erlauben - mir selbst vertrauen.

Wie gehst du mit deinen Fragen um?

_____

_____

_____

_____

Nimmst du dir bestimmte Zeiten für dich?

_____

_____

_____

_____

Gibt es etwas, was du manchmal gerne nicht wahr-nehmen und lieber ausblenden/filtern möchtest – und warum?

_____

_____

_____

_____

_____

_____

_____

_____

Wer bist du, wenn du einfach nur du selbst bist?

_____

_____

_____

_____

_____

_____

_____

_____

_____

_____

Was setzt dich unter Druck und wie gehst du damit um?

_____

_____

_____

_____

_____

_____

_____

_____

_____

_____

Platz für deine Notizen:

_____
_____
_____
_____
_____
_____
_____
_____
_____
_____
_____
_____
_____
_____
_____
_____
_____
_____
_____
_____
_____
_____
_____

Nett

Was hältst du von *nett* sein? Nett im Sinne von freundlich.

Wahrscheinlich denkst du dir jetzt „ist doch klar, natürlich mag ich es, wenn jemand nett zu mir ist!"

Doch wie nett bist du zu anderen – oder könntest du da noch etwas mehr geben?

_____

_____

_____

_____

Wann ist jemand nett zu dir?

_____

_____

_____

_____

Wann hattest du das letzte Mal einen netten Austausch?

_____

_____

_____

_____

Sind dir auch schon einmal die unterschiedlichen Reaktionen von deinem jeweiligen Gegenüber aufgefallen, wenn du einfach nett & freundlich bist?

Ich bin gerne nett – außer ich möchte bei jemandem einfach nicht mehr nett sein. Doch selbst dann wahre ich eine Art Respekt.

Auch habe ich mir angewöhnt, dass ich nie etwas sagen möchte, wofür ich mich entschuldigen müsste. Das macht es mir definitiv einfacher.

Zurück zum *nett* sein.
Es ist toll, oder? Übrigens fast genauso ansteckend wie lächeln.

Nimm dir gerne als Beispiel einen ganz normalen Supermarkt. Du triffst dort auf die unterschiedlichsten Menschen in ganz unterschiedlichen Stimmungslagen.

Da gibt es hart arbeitende Mitarbeiter, oder Kunden die völlig erschöpft sind vom Tag. Auch gibt es Menschen in einer totalen Reizüberflutung, aufgrund des vielfältigen Angebots und anderer Faktoren.

Es gibt ältere Menschen mit eventuellen Beeinträchtigungen, da die Sinne mittlerweile etwas eingeschränkt sind.
Angestrengte Mütter mit ihren quengeligen Kindern, die unbedingt auch noch etwas mitnehmen möchten, oder der (verschämte) Single vor dem Regal mit der

Tiefkühlpizza - um jetzt nur ein paar Beispiele zu nennen.
Die Liste ist lang mit all den verschiedenen Menschen und all ihren Hintergründen.

Alle Personen haben in einem Supermarkt das gleiche Ziel. Alle sind dort den vielen verschiedenen Eindrücken ausgesetzt - großes Sortiment, laute Musik, grelles Licht, schmale Gänge, diverse Geräusche von Kasse, der Lüftung, den Einkaufswagen und mehr.

Alle bringen dann noch ihre persönlichen Probleme und Einschränkungen mit.

Das zusammen ist eine ganz schön heftige Energie. Ich möchte wetten, dass ganz viele Menschen nicht einmal bemerken, warum sie nach einem Einkauf völlig erschöpft sind, oder sogar währenddessen übellaunig werden.

Jetzt kommst du ins Spiel: sei einfach nett! Sei freundlich!

Lächle doch mal die dir entgegenkommenden Kunden an. Biete dem hilfesuchenden älteren Herrn deine Unterstützung an.

Grüße freundlich im Vorbeigehen die Mitarbeiter, während sie in einem Kraftakt die Ware verräumen.
Grüße freundlich den Mitarbeiter an der Kasse.
Bleibe ruhig und entspannt, sei höflich und wünsche einen schönen Tag bei der Verabschiedung.

Vielleicht verhältst du dich schon so, oder öfter so. Ansonsten nimm es gerne als Experiment und achte darauf, wie viel besser es dir damit geht.
Vielleicht braucht es auch etwas Übung, das ist völlig ok.

Doch du wirst ganz bestimmt merken, wie schön es ist Freude zu geben und Freundlichkeit auch zurück zu bekommen.

Einige werden erstaunt sein, andere freudig über deine nette Art und wiederum andere werden nicht reagieren. Aber auch das ist ok.
Deine freundliche Art wird bei diesen Menschen trotzdem etwas auslösen. Sie werden es zumindest unbewusst für sich mitnehmen.

Jetzt stell dir mal vor, wir alle würden so miteinander umgehen. Was wäre das für eine wertvolle, eine so bereichernde Energie in diesem Supermarkt.

Dies war nur das Beispiel für einen Supermarkt. Überlege, wie toll es sich auch in anderen Bereichen ausweiten kann. Überall.

Fang du mit dir an und freue dich über deine Veränderung.
Freue dich über dein verbessertes Gefühl und lasse andere mitwachsen. Geh du vor.

Ich jedenfalls liebe es, meine Freundlichkeit mit anderen zu teilen und jemandem damit den Tag etwas zu verschönern.

Wann war zu dir das letzte Mal jemand sehr freundlich und wie hat es sich für dich angefühlt?

_____

_____

_____

_____

_____

_____

Wo warst du das letzte Mal *einfach nett* und wie fühlst du dich dabei?

_____

_____

_____

_____

_____

_____

In welchen Bereichen könntest du etwas offener und netter auf Menschen zugehen?

_____

_____

_____

_____

_____

_____

Platz für deine Notizen:

_____

_____

_____

_____

_____

_____

_____

_____

_____

_____

_____

_____

_____

_____

_____

_____

_____

_____

_____

_____

Schnurrhaare

Oh wie ist das Leben spannend. Jeden Tag aufs Neue!

Es ist Montagmorgen und ich bin voller Energie und Tatendrang. Weiß gar nicht wo ich zuerst anfangen möchte. Da sind ja sooo viele tolle Sachen, schöne Eindrücke, so viele Ideen. Dann gibt es noch die alltäglichen Pflichtaufgaben, die heute auch so von der Hand gehen.

Ein Teil in mir ist noch müde, sehnt sich nach dem warmen, kuscheligen Bett. Sehnt sich nach Erholung und stillem Durchatmen.
Schon springt da der andere Teil in mir wild umher, freudig aufgeregt über die anstehenden Sachen, die schönen Eindrücke. Mein Körper, meine Seele, voll mit Freude und Liebe.

Heute bekomme ich in den ersten Stunden schon gar nicht genug davon, alle Eindrücke aufzunehmen.

Draußen ist es kalt. Die Sträucher und Büsche sind frostig überzogen. Blätter wirken erstarrt, als wurden sie in ihrer Bewegung festgehalten. Die riesigen Ahornbäume tragen noch immer ihr letztes Laub. Ein wunderschönes Gelb. Die Luft ist leicht neblig. Durch diesen Nebel und die gelben Blätter scheint mit all ihrer Kraft die Sonne. Wenn ich aus dem Fenster sehe ist alles in goldenes Licht getaucht.

Die Vögel tanzen durch den Garten und freuen sich über das bereitgestellte Futter. Alles wirkt so friedlich, so wunderschön und voll positiver Energie.

Davon lasse ich mich immer wieder gerne anstecken.

Kennst du dieses Gefühl? Wenn der Winter beginnt und du das Licht noch mehr zu schätzen weißt? Wenn das Licht all deine Sinne berührt? Du dich davon beschützt und umarmt fühlst?

Es ist so wundervoll. Genau dieser Moment ist es, in dem ich ganz genau fühle, dass alles genau so richtig ist wie es ist. Dass alles genau so passiert wie es soll.

Es sind genau diese Momente, die mir wieder Mut machen. Dieses Gefühl bringt mich wieder in vollstes Vertrauen.

Die Welt ist schön.

Da kommt mein Kater um die Ecke. Völlig aufgeregt gibt es ein lautes „Miau" zur Begrüßung. Er liebt dieses Gefühl scheinbar genau wie ich.
Wenn dann die Pfötchen kalt vom Boden draußen sind, geht es einfach kurz vor den Kamin. Das Fell wird geputzt, alles kurz aufgewärmt – einmal um meine Beine gestrichen - und dann ist er auch schon wieder auf dem Weg nach draußen.
Mein anderer Kater, bei uns leben zwei davon, spiegelt meine andere Seite wieder.

Er war heute nur kurz draußen und hat sich nun wieder gemütlich eingekuschelt.

Meine beiden Kater sind Brüder. Ich habe sie zufällig retten dürfen als Minibabys. Seit elf Jahren bereichern die beiden mein Leben und ich darf täglich von diesen wundervollen Geschöpfen lernen.
Seit dem Beginn unserer gemeinsamen Zeit ist es sehr spannend, wie beide so unterschiedlich und doch gleich sind. Beide sind immer genau die beiden Seiten in mir.

Vielleicht hast du auch Engel mit Schnurrhaaren als Mitbewohner oder andere Fellis und kennst das?

Gönne dir die Momente und nimm dir Zeit für die Tierwelt. Es sind so wundervolle Wesen. Sie Leben immer im hier und jetzt, handeln nach Impuls. Sie folgen einfach ihrem Instinkt und leben in der Gegenwart.
Tiere nehmen dich bedingungslos so wie du bist. Ohne Wertung. Ohne Vorurteile.
Außerdem sind sie atemberaubende Gesprächspartner!
Und besonders von Katzen konnte ich unheimlich viel lernen.

Ich wünsche dir von Herzen, solch seelenberührende Erfahrungen zu machen. Ich wünsche dir, den unglaublichen Wert dieser Erdenbewohner zu erkennen. Und ich wünsche dir, mit offenem Herzen und liebevollem Blick, diese wunderschöne Welt zu sehen.

Was brauchst du um dich herum, damit es dir gut geht? Vielleicht sind es auch unterschiedliche Dinge in den unterschiedlichen Jahreszeiten.

_____

_____

_____

_____

_____

_____

_____

_____

_____

Was ist für dich das Schönste in den unterschied-lichsten Jahreszeiten?

_____

_____

Frühling

_____

_____

Sommer

_____

_____

Herbst

_____

_____

Winter

<u>Platz für deine Notizen:</u>

_____

_____

_____

_____

_____

_____

_____

_____

_____

_____

_____

_____

_____

_____

_____

_____

_____

_____

_____

_____

_____

_____

Unterstützung

Telefonseelsorge   24 Stunden/356 Tage
Telefon: 0800 111 0 111
             0800 111 0 222
Internet: www.telefonseelsorge.de

Deutsche Depressionshilfe
Telefon: 0800 3344533
Internet: www.deutsche-depressionshilfe.de

Selbsthilfegruppe finden
NAKOS
Nationale Kontakt- und Informationsstelle zur Anre-
gung und Unterstützung von Selbsthilfegruppen)
Telefon: 030 31018960

Weißer Ring
Telefon: 116 006

Ärztlicher Bereitschaftsdienst
Telefon: 116 117

Rettungsdienst   im wirklich absoluten, akuten Notfall
Telefon: 112

Platz für deine Kontakte, die du im Notfall oder bei
Bedarf anrufen kannst: (Therapeut, Arzt, Vertrauensperson)

_____

_____

_____

Es freut mich sehr, wenn du für dich einige Dinge mitnehmen konntest und du Lust hast, dir dein Leben weiter in Klarheit und Freude zu gestalten.

Auf den nächsten Seiten habe ich dir noch einmal etwas Platz gelassen für deine Gedanken.

Blättere noch einmal durch das Buch, schaue dir deine Notizen an und tobe dich auf den nächsten Seiten noch einmal so richtig aus.

_____

_____

_____

_____

_____

_____

_____

_____

_____

_____

_____

_____

_____

_____

_____